한국인력개발학회 HRD 총서 1

HRD 학술총서

배을규 편
조대연 · 박윤희 · 전정호
최우재 · 장주희 · 이진구 공저

박영story

CONTENTS

INTRODUCTION
일터 · 실천 · 학습: WORKPLACE LEARNING과 HRD

배을규[1]

오늘날 일터 조직 환경은 조직 내에서 이루어지는 일, 일과 조직 구성원의 관계, 그리고 구성원 삶 자체에 영향을 미치고 있다. 일터 조직 환경은 구성원들이 일을 배우는 방법이나 일 관련 문제를 해결하는 방법에도 영향을 미친다. 때문에 일터 조직 환경 맥락에서 일과 관련된 학습 과정을 이해하는 것은 조직과 구성원의 생존과 성장을 위한 다양한 인적자원개발Human Resource Development: HRD 활동에 매우 중요한 의미를 지니게 된다.

최근 전통적인 교수자 중심의 형식학습에 대한 비판이 제기되면서, 일상적인 실천 활동 속에서 학습자 중심의 무형식학습에 대한 관심이 증가하고 있다Billet, 2004; Lave & Wenger, 1991. 이러한 맥락에서 공공 및 민간 부문에선 조직 구성원들의 일상적인 일 관련 실천 활동을 그들의 학습 과정과 연계하여 개인 역량을 개발하고 조직 성과를 증진시키려는 시도가 이

1 한국인력개발학회 회장, 인하대학교 교육학과 교수(ekbae@inha.ac.kr).

루어지고 있다. 예컨대, 기업, 정부, 학교 등 다양한 조직에서 구성원들이 수행하는 일과 관련된 실천 활동에서 비롯되는 도전이나 과업을 해결하기 위하여 소위 액션러닝, 학습조직, 실천공동체 등과 같은 무형식학습 프로그램들을 개발·실시하고 있다. 그러나 이러한 노력은 일터 조직 구성원들이 스스로 자신의 문제 상황을 규명하고 극복하는 것이 아니라 외부로부터 주어진 문제를 해결하는 데 치중함으로써 그동안 비판의 과녁이었던 교수자 중심의 형식학습의 한계를 똑같이 드러내고 있다. 즉, 조직 구성원들의 일터 환경에서 일과 관련된 실천 활동을 수행하면서, 그 실천 활동에 내재된 특정한 지식, 규범, 문화, 언어 등을 자발적으로 이해하고 구성해나가는 적극적이고 생성적인 학습 과정이 아니라 탈맥락적이고 비실제적인 지식과 기술을 전수받는 수동적인 학습 활동을 요구받고 있는 것이다.

전통적으로 일터학습에 관한 논의는 크게 두 가지 관점, 즉 개인의 지식 획득과 개인의 인간 발달을 중심으로 전개되어 왔다. 오늘날 대부분의 일터학습 현상은 이런 관점들로 이해되고 설명되고 있다. 학습을 개인적 차원의 지식 획득 과정으로 보는 관점은, 학습이란 개인이 새로운 개념과 기술, 행동 등을 획득하고 활용하는 과정으로서 개별 구성원의 학습 그 자체는 조직의 자원이 되는 역량으로 간주한다. 이 관점은 개인이 획득할 지식을 형성·선택·이용하는 방법에 초점을 맞추면서, 획득할 지식은 바로 실천에 전이가능하고, 개인의 능력으로 측정 가능하며, 그렇기 때문에 지식 획득을 위한 학습 활동에 대한 투자의 기대 효과를 충분히 예측가능하다고 전제하게 된다[Bates & Holton, 2004]. 학습을 개인적 차원의 인간 발달 과정으로 보는 관점은, 학습이란 개인의 성장과 발달을 위한 목적으로 개인이 지속적으로 학습을 수행하면서 개인적 의미 구성에 의한 자아 발전을 도모하는 과정으로 간주한다. 이 관점은 개인의 자기주도적 학습 능력을 촉진하는 방법과 개인의 일과 자아 성장의 관계를 이해하는 방법에 치중하면서 개인의 학습 능력을 강조한다. 이처럼 개인적 차원의 지식 습득 혹은 인간 발달이라는 학습 관점에 기초한 논의는, 학습이 개인의 인지적, 정서적, 행동적 측면을 고려한 총체적 과정이라고 할 수 있으나 개인이 관여하는 일터의 실천 활동 속의 사회적 관계와 상호작용 맥락을 무시하거나, 사회적 관계와 상호작용 맥락을 비교육적인 것으로 인식하면서 오히려 실제 학습 활동에 그런 맥락의 고려를 경계할 것을 주장한다.

일터학습에서 중요한 것은 개인이 어떤 지식을 획득하고 어떻게 지식을 획득해야 하는가보다는 일터의 어떤 환경과 조건 하에서 일과 관련된 실천 활동을 전개하고 그로 인해 어떤 지식을 어떻게 생성해나가는가이다. 이와 관련하여 Chaiklin과 Lave[1996]는 일터의 일상적 실천 활동에 관여하는 행위자들의 활동은 그들의 사회적 세계와 분리될 수 없기 때문에, 일터의 일상적 실천 활동을 이해하기 위해서는 행위자와 사회적 세계의 관계를 분석하는 것이 필요하다고 주장한 바 있다. 즉, 일터에서 구성원들은 변화된 세계에 변화된 방식으로 일상적 실천 활동에 참여할 수 있도록 서로 도와줄 수 있는 능력을 갖고 있고 실제로 그런 조력 활동을 적극적으로 하고 있다. 일터와 같은 사회적 세계에서 일상적 실천 활동에 참여하는 사람들은 일상적 실천 활동, 즉 업무에 참여하는 것 자체가 자신의 지식과 행동을 변화시키는 학습의 과정이 되는 것이다.

한편 일터학습 현상을 설명하기 위해서 자주 거론되는 경험학습이론, 즉 Kolb[1983]의 이론에 의하면 학습자들은 개인의 구체적 경험 사태에 대한 성찰을 통하여 자신만의 고유한 지식을 구성하고 변화시켜나가는 과정에서 성장하게 된다고 본다. 이러한 경험학습이론은 일터 조직에서 구성원들이 갖는 경험에 대한 개인적 의미구성을 학습 과정에 연계하는 시도들에 대한 논거를 제공해준다. 실제로 일터 조직에서는 구성원들의 개인적 성장과 발달을 도모하는 코칭, 멘토링, 도제학습, 액션러닝 등의 경험학습 프로그램들이 실시되고 있다. 경험학습이론과 경험학습 프로그램들은 공통적으로 성공적인 경험학습 활동의 핵심적 요인으로 성찰

reflection을 강조한다. 그러나 경험학습이론가들은 학습 활동에서 성찰의 역할을 강조하지만 이론적 설명을 충분히 하지는 못하고 있다. 즉, 경험학습 활동에서 성찰과 성찰의 대상이 되는 경험을 서로 구분하여 취급하는 경향이 있다. 실제 Kolb[1984]의 경험학습단계 모형은 구체적 경험, 성찰적 관찰, 추상적 개념화, 적극적 실험의 과정을 거쳐 학습이 발생한다고 보는데, 이러한 논리를 따라서 일터 조직에서 실시되는 경험학습 활동은 경험과 성찰을 별도의 단계 내지 과정으로 분리시키게 된다. 그러나 일터 조직의 학습은 일종의 사회적 실천 활동으로서 실천 참여자들의 경험과 성찰이 끊임없이 상호작용하고 경험과 성찰이 서로를 구성해주는 방식으로 일어난다. 즉, 정신적 활동으로서 성찰과 구체적 활동으로서 경험이 이분법적으로 구분되는 별개의 실체로 간주될 수 없으며, 경험을 학습 과정에서 고정된 실체로 보게 되면 일터 조직의 사람, 세계, 행위의 상호의존적 관계와는 무관한 개인적인 정신적 표상만을 획득하는 학습이 이루어질 뿐이다.

전통적인 학습 이론과 달리 최근 일터학습 이론들은 일터학습은 개인적이면서도 집단적인 과정이고, 일터의 일상적 실천 활동, 즉 행동, 계획, 대화, 문제해결, 교육, 프로젝트 등의 다양한 맥락 속에서 발생하게 된다는 점을 인정하고 있다[Beckett & Hager, 2002]. 특히 그 이론들은 일터 조직에서 구조화되고 제도적으로 지원을 받는 형식학습 활동보다는 특정한 일터 환경이나 맥락 하에서 일상적인 일 관련 실천 활동과 일터에 산재한 다양한 교육적 자원의 영향을 받는 무형식학습 활동에 많은 관심을 기울이고 있다. 무형식학습은 일터학습의 한 가지 유형이자 방식으로서 일/일터에서 혹은 일/일터를 통해 이루어지는 학습이다. 무형식학습은 일터 구성원이 위치한 사회적 맥락의 영향력이 중요하고, 그 사회적 맥락이 일터 구성원의 개인적인 학습 기회에 대한 접근과 경험의 가능 유무를 결정하고, 그 결과 일터 구성원 개인에게 유의미한 지식을 습득하고 일터의 고유한 정체성을 형성케 해준다는 가정을 전제한다. 이러한 무형식학습의 논리적 가정은 최근 일터 조직과 주변 환경의 변화에 따른 적절하고 바람직한 학습 형태로서 주목할 만한 가치가 있다. 즉, 최근 일터 조직의 구조는 유연성과 기민성을 지닌 수평적 조직으로 변화하고 있고, 일터 관리 방식도 조직 구성원들의 원활한 의사소통과 협력적인 일의 수행을 지원하는 자율적 관리 체제로 변화하고 있으며, 일터 맥락에 밀착된 지식 습득과 현장 활용도가 높은 학습을 추구하는 동향에 비추어 볼 때, 무형식학습은 일터 조직과 환경 변화에 따른 매우 적절한 학습 양식이자 방법이 될 수 있기 때문이다.

70년대 상황학습을 필두로 80년대의 상황인지, 체화인지, 분산인지, 90년대 활동이론, 행위자연결망이론 등 북미와 유럽의 일터 연구workplace studies 성과를 통해 일터 현장의 생활 세계와 학습 과정의 연관성이 밝혀지고 있다Corradi, Gherardi, & Verzelloni, 2008; Engeström, 2014; Wenger-Trayner & Fenton-O'Creevy, 2014; Gherardi, 2006; Lave & Wenger, 1991; Wenger, 1998; Raelin, 2008. 이에 따라 HRD 분야의 학자들도 일터학습workplace learning과 일기반학습work-based learning의 주제 하에 실천 중심의 학습이론을 제안하고 관련된 연구 성과를 내놓기 시작했다. 이러한 이론과 연구들은 공통적으로 조직 구성원들이 공동으로 수행하는 일 관련 실천 활동이 그들의 학습에 중요한 원천임을 인정하고 있다. 그리고 일터 조직 구성원들의 학습은 조직의 요구에 의해 특정 지식을 수동적으로 수용한 개인적 과정이기보다는, 일터 조직의 환경에 산재해있는 다양한 관계, 대상, 구조를 반영한 실천 맥락 속에서 지식을 적극적으로 구성하는 사회적 과정이어야 한다고 주장한다. 왜냐하면 일터 조직의 환경은 다양한 관계, 구조, 인공물테크놀로지, 문서, 규범, 언어을 내포하고 있는데, 조직 구성원들은 자신들의 실천 활동에 참여하는 과정과 함께 그러한 관계, 구조, 인공물에 대한 지속적인 성찰reflection을 하게 되고 그런 가운데 자신에게 필요한 지식을 창조, 수정, 변형시켜 나갈 수 있기 때문이다. 이렇게 볼 때 최근 유행처럼 급속도로 확산되고 있는 '유사' 무형식학습 프로그램들을 무비판적으로 수용하기

보다는 실천과 연계된 학습 활동에 대한 보다 철저한 이해에 바탕을 두고, 이제 실천 중심의 무형식학습 이론이 HRD 연구와 실천에 어떻게 적용될 것인가를 생각해보아야 할 시점이 아닌가 싶다. 현재 HRD 분야에서 일터에서 전개되는 무형식학습 활동에 대한 연구들이 많이 이루어져 왔다.

이 책은 국내 HRD학자들의 일터학습, 특히 무형식학습 이론과 실천에 관한 연구 성과를 HRD학자, 학생, 실무자들에게 소개함으로써 실천기반 무형식학습practice−based informal learninig의 이론 구조를 이해하고 연구 방향을 정립하며 현장 활용 방안을 모색하는 데 도움을 주고자 기획되었다. 우선 '01. Workplace Learning의 개관조대연, 유주영'은 HRD 관점에서 일터학습 의미의 변화 과정과 현재 실행 중인 일터학습 프로그램 유형과 특성들을 비교 분석하면서 일터 조직 환경 변화에 따른 일터학습의 미래를 조망하고 있다. '02. Workplace Learning의 개념적 모형박윤희'은 일터학습의 다양한 정의와 형태의 복잡성을 학습 메타포 차원에서 구분하면서도, 전통적인 형식학습과 무형식학습의 구분은 조직의 현실적인 학습 활동의 유용성을 간과할 수 있다고 보면서 일터학습의 유형과 범주를 새롭게 규정하는 소위 일터학습 모형을 제시해주고 있다. '03. Workplace Learning의 쟁점: 무형식학습과 전문가 교육전정호'은 Donald Schön의 실천인식론에 입각하여 전문가교육과 무형식학습을 비교하고 있다. 저자는 Schön의 전문가교육론에 의거하여 기존 이론 및 지식 습득 중심 학습 활동, 조직 현장의 사회화 중심 HRD 활동, 현행 무형식학습 양태를 비판하고, 일터 현장에서 구성원들의 학습 과정을 행동지, 행위속반성, 인식틀 변화라는 차원에서 접근할 필요성을 강조하고 있다. 최근 HRD 분야에서 경력개발의 관심이 증가하고 있다는 점을 고려해볼 때, Schön의 실천인식론에 기반한 학습과 교육, 즉 전문가교육론은 조직 구성원 개인의 장기적 역량 개발에 의미있는 시사점을 제공해준다. '04. Workplace Learning의 연구: 무형식학습의 선행요인과 결과요인최우재'는 무형식학습에 영향을 미치는 조직, 업무프로세스, 개인 수준의 요인과, 무형식학습이 영향을 미치는 조직 수준과 개인 수준의 요인을 관련 선행연구들을 검토 분석하여 소위 통합적 가설 모형을 제안하고 있다. 더불어 향후 연구자들이 추가적으로 연구해볼만한 무형식학습 관련요인들도 제시하고 있다. '05. Workplace Learning의 연구: 실행공동체 사례를 중심으로[장주희]'는 최근 조직에서 적용하고 있는 실행공동체[CoP]를 개념, 구성 요소, 형태 차원에서 상세한 설명을 제공해줌으로써 실행공동체이론을 이해하는 데 유익한 글이다. 또한 실행공동체가 기업에서 주목받는 이유, 기업에 작동되는 과정, 기업에서 거두는 성과를 저자의 연구 사례들을 통해서 보여주고 있다. 마지막으로 '06. HRD에서의 Workplace Learning의 미래[이진구]'는 HRD 분야에서 일터학습은 형식학습과 함께 무형식학습, 우연적 학습을 포괄하는 활동이어야 하며, 여하한 학습 유형도 개인과 조직의 수행성과와 연계되어야 함을 강조한다. 이런 측면에서 HRD 실천가의 역할과 책무에 대해서 설명하고, 미래 일터학습에서 형식학습과 무형식학습 활동을 조화시킬 수 있는 HRD 시스템과 제도들을 제안하고, 나아가서 다양한 형태의 블랜디드 러닝을 개발하고 활용할 준비를 해야 한다고 역설하고 있다.

지난 2014년 말 한국인력개발학회 상임이사 모임에서 국내에 HRD학문이 도입된 지도 20여 년이 지난 시점에서 이제 국내 HRD 학문 체계를 정립하고, 우리 실정에 적합한 HRD 실천 방안을 모색할 시점이 되었다는 인식에 대한 합의가 이루어졌다. 이를 계기로 한국인력개발학회 산하에 HRD학술총서발간위원회[위원장 이진구 박사, 부위원장 전정호 박사]가 설치되어 학술총서시리즈 첫 작품으로 이 책 'Workplace Learninig'이 발간되었다. 앞으로도 HRD 이론 및 실천과 관련된 핵심 주제별로 대표 연구자들의 연구 논문들을 모아서 지속적이고 정기적으로 총서를 발간할 계획이다. 어렵고 힘든 과정을 거쳐 빛을 보게 된 이 책의 발간을 위하여 노고를 아끼지 않은 이진구 박사와 전정호 박사에게 감사의 말씀을 드린다. 특히 총서 발간을 위해서 물심양면 측면 지원을 해준 한국인력개발학회 사무

국장 유기웅 박사에게도 감사의 마음을 전하고자 한다. 녹록치 않은 출판업계 사정에도 불구하고 HRD 학문 발전을 위해서 흔쾌히 이 책의 출판을 허락해주신 박영사 안상준 상무님과 이선경 과장님, 세심하고 빈틈없는 편집 작업을 해주신 배근하 대리에게도 감사 인사를 드리고자 한다.

참고문헌

Bates, R.,& Holton, E.F.,III.(2004). Linking workplace literacy skills and transfer systme perceptions. *Human Resource Development Quarterly,* 15(2), 153–170.

Beckett, D., & Hager, P.(2002). *Life, work and learning: Practice in postmodernity.* NY: Routledge.

Billett, S.(2004). Workplace participatory practices: Conceptualising work place as learning environments. *Journal of Workplace Learning,* 16(5/6), 312–325.

Chaiklin, S., & Lave, J.(eds.) (1996). *Understanding practice: Perspectives on activity and context.* NY: Cambridge University Press.

Corradi, G., Gherardi, S., & Verzelloni, L.(2008). Ten good reasons for assuming a 'practice lens' in organization studies. In 3rd OLKC Conference (pp. 1–37).

Engeström, Y.(2014). *Learning by expanding: An activity theory–theoretical approach in developmental research.* NY: Cambridge University Press.

Engeström, Y., Miettinen, R., & Punamaki, R.(1999). *Perspectives on activity theory.* NY: Cambridge University Press.

Gherardi, S.(2006). *Organizational knowledge: The texture of workplace learning.* MA: Blackwell Publishing.

Hager, P.(2004). Lifelong learning in the workplace?: Challenges and issues. *Journal of Workplace Learning,* 16(1/2), 22–33.

Kolb, D. A.(1983). *Experiential learning: Experience as the source of learning and development.* NJ: Prentice Hall, Inc.

Lave, J., & Wenger, E.(1991). *Situated learning: Legitimate peripheral participation.* NY: Cambridge University Press.

Luff, P., Hindmarsh, J., & Heath, C.(2000). *Workplace studies: Recovering work practice and informing system design.* NY. Cambridge University Press.

Nicolini, D., Gherardi, S., & Yanow, D.(2003). *Knowing in organizations: A practice−based approach.* ME Sharpe.

Raelin, J. A(2008). *Work−based learning: Bridging knowledge and action in the workplace.* CA: Jossey−Bass.

Wenger, E.(1998). *Communities of practice: Learning, meaning, and identity.* NY: Cambridge University Press. (손민호, 배을규 공역(2007). 『실천공동체 CoP: 지식창출의 사회생태학』, 학지사)

Wenger, E., Fenton, M., Hutchinson, S., Kubiak, S., & Wenger, B.(eds.)(2014). *Learning in landscapes of practice: Boundaries, identity, and knowledgeability in practice−based learning,* CA: Routledge.

01

WORKPLACE LEARNING

WORKPLACE LEARNING의 개관

조대연[1] · 유주영[2]

SUMMARY

본 고는 최근 국내외에서 HRD 트렌드 중 하나인 일터학습(Workplace Learning)에 대한 개관을 위해 국내외 연구들을 분석하였다. 이를 위하여 본 고는 일터학습의 역사와 정의, 대표적인 일터학습 프로그램 전략들, 향후 HRD에서 일터학습의 발전 방향을 논하였다. 일터학습의 역사는 성인학습 영역에서 일터 또는 조직에 관심을 갖는 학자와 실천가들로부터 시작하여 일터에서 개인/성인의 학습 촉진을 위한 학습이론과 전략에 초점을 두었다. 이후 학습의 단위가 팀과 집단 그리고 조직으로 확대되면서 일터학습의 범주가 확대되었다. 그리고 오늘날 스마트 디바이스의 혁명으로 다양한 학습 주체, 다양한 학습형태가 더욱 촉진됨에 따라 일터학습의 제 2 전성기를 맞이하고 있다. 본 연구는 일터학습에 대한 정의를 크게 일터(workplace) 기반과 일 관련 기반 접근으로 구분하고 이를 통합하여 일터학습을 제안하였다. 또한 본 고는 일터학습의 대표적인 솔루션으로는 S-OJT, 코칭, 멘토링, 액션러닝을 포함하였다. 본 연구는 앞으로 일터학습의 미래 모습을 몇 가지 제안하였다. 첫째, 혼합 현실 속의 업무환경(Working in a Mixed Reality)은 현실과 가상의 정보를 융합해 가장 진화된 형태의 일터학습을 구축하는 장소를 제공해 줄 것이다. 둘째, 일터에서 이루어지는 무형식 학습은 클라우드 러닝을 통해 상시학습체계가 갖추어질 것이다. 셋째, 일터학습은 중소기업의 HRD 솔루션으로 더욱 자리매김 할 것이다. 넷째, 일터학습 관련 경제학적 측면에서의 성과 논의 등 다양한 학문적 배경, 이론이 함께 논의될 것이다.

KEY WORD 일터학습, S-OJT, 코칭, 멘토링, 액션러닝

1 제1저자, 고려대학교 교육학과 교수(chodae@korea.ac.kr).
2 제2저자, 고려대학교 교육학과 박사수료(3waters@korea.ac.kr).

01 서론

지난 수년간 HRD 현장에서 social learning과 informal learning이 강조되었고 동시에 스마트 디바이스와 같은 기술혁명과 연계되어 일터학습Workplace Learning이 HRD의 중심에 놓이게 되었다. Off-JT 중심의 집단 전달 및 학습체제에 대한 유용성 인정에도 불구하고 그 한계가 분명히 존재한다는 인식하에 HRD의 주요 기능이 일터에서도 함께 작동해야 한다는 주장이 설득력을 얻게 되었다. 물론 전통적으로 OJT, S-OJT 또는 멘토링 등 일터에서 진행하는 HRD 프로그램이 오랫동안 존재해 왔지만 전통적으로 1:1 프로세스로서의 한계로 인해 파급효과가 미약한 것이 사실이다. 또한 이들 HRD 솔루션들이 일터에서 진행되는 특정한 또는 일시적인 프로그램으로 그 한계를 지닌 것도 사실이다.

HRD 담당자라면 매우 익숙한 '70-20-10 법칙'은 일터학습의 중요성을 가장 잘 표현하는 용어이다. 즉, 인재육성 또는 학습의 70%는 일터에서 구성원들과의 사회적 상호작용 등에 의해서 발생함을 강조하는 법칙이다. 역사적으로 볼 때 1990년대 이래로 일터학습은 HRD의 중요한 영역 중 하나가 되었고 2004년 ASTDAmerican Society for Training & Development는 HRD 담당자의 업무영역이 점차 확대되고 있는 시점에서 보다 현장에 초점을 두면서 동시에 HRD보다 더 적절한 용어로 WLPWorkplace Learning & Performance를 제안하면서 전 세계적으로 학계와 현장에서 일터학습을 대중화시키는 데 기여했다고 본다.

그럼에도 불구하고 현재 일터학습에 대한 많은 논쟁거리 역시 학계와 현장에서 존재하는 것이 사실이다. 예를 들면, 일터학습의 개념에서도 아직까지 합의되는 정의를 찾기는 쉽지 않을 뿐만 아니라 더욱 넓은 범주까지를 포함하므로 그 시도 자체가 어렵다고 볼 수 있다. 다른 예로는 일터학습이 구체적인 하나의 HRD 솔루션인지 아니면 HRD 솔루션들의 묶

음인지도 명확하지 않다. 따라서 본고에서는 국내외 선행연구들을 분석하여 일터학습의 역사와 정의, 대표적인 이론들과 관련된 솔루션들을 소개하고 향후 HRD에서 일터학습의 이론적 & 실천적 함의점을 제안하고자 한다.

02 Workplace Learning의 역사와 정의

HRD에서 일터학습이 본격적으로 조명 받은 것은 90년대 들어서이며 오늘까지도 현장과 학계의 관심 있는 주제 중 하나이다. 그러나 일부에서는 90년대 이후 재조명 받은 것이지, 새롭게 등장한 것은 아니라고 주장한다[Poell, 2014]. 산업혁명 이후 대량생산체제를 갖춘 큰 조직들이 생겨난 이후 오늘까지 학습과 교육훈련[Training & Development: T & D]이 분리되어 왔으나 원래 도제교육처럼 그 이전에는 학습과 훈련을 일터에서 따로 떼어 생각할 수 없었다.

지식의 팽창과 기술의 변화 및 글로벌화 등으로 급격하게 변화하는 환경이 업무현장에 영향을 미치는 지식사회로의 전환이 일어남에 따라, 기업에서는 구성원들의 지속적인 직무능력향상이 조직 내에서 중요한 관심사로 자리 잡게 되었다[정영순, 2005]. 실제로 많은 기업에서 경쟁력 확보를 위해서 구성원의 학습이 중요하다는 사실을 깨닫게 되면서 성과증진과 구성원 직무능력 제고의 일환으로 구성원들이 다양한 학습활동을 촉진할 수 있는 일터학습에 주목하고 있다.

1) Workplace Learning의 역사

일터학습이란 일반적으로 일터에서 이루어지는 학습을 포괄하는 의미로 사용한다. 일터를 학습환경으로 바라보아야 한다는 관점은 1990년대 초부터 업무활동과 학습을 유기적 관점에서 바라보는 일터학습에 대한 연구에서부터 시작했다고 볼 수 있다[Fenwick, 2003]. 그러나 전통적으로 일터 학습은 현대적 HRD가 발생한 2차 세계대전 이후 하나의 큰 영역을 이루어왔다고 볼 수 있다. HRD를 바라보는 관점인 HRD 패러다임은 크게 학습패러다임과 성과패러다임으로 구분할 수 있다[조대연, 권대봉, 2013]. 학습패러다임의 근원은 성인학습에 관심을 갖는 학자들에 의해 주로 구성되어 왔다. 즉, 성인교육의 많은 연구자들 중 일부가 일터에서 구성원의 학습[adult learning in the workplace]에 관심을 갖고 연구하면서 성인학습의 주요 연구 이슈들인 informal learning, incidental learning, social learning, 자기주도 학습 등을 일터와 HRD에 제안하여 왔다. AHRD[Academy of Human Resource Development] 국제학술대회에 참석해 보면 참가자 중 일부는 성인교육학회[Adult Education Research Conference: AERC]나 성인계속교육협회[American Association for Adult & Continuing Education]에서 활동하는 성인교육전문가들이다. 결국 HRD에서 일터학습의 뿌리는 성인교육 또는 성인학습, 특히 일터 또는 일터 구성원의 성인학습에서 찾을 수 있다.

일터학습의 가장 고전적인 관점은 기존의 학습이론과 마찬가지로 행동주의적 관점이다[Hager, 2011]. 학습을 관찰 가능한 것으로 학습의 결과를 측정 가능한 것으로 간주하는 행동주의는 일-학습의 관계에 있어서도 구성원들이 자신의 업무를 효과적으로 수행할 수 있는 것에 중점을 둔다. 자극-강화를 이용한 훈련 기법들의 개발과 적용, 그리고 직무분석과 수행에 대한 관찰과 분석이 이에 속한다. 그러나 행동주의적 관점은 많은 강점에도 불구하고 인지적 능력, 상황, 성찰, 이해 등과 같은 부분으로 확대하지 못하였다는 한계를 가지고 있다.

또한 성인학습과 학습에 대한 행동주의 관점은 기본적으로 개인에 초점을 둔다. 예를 들어 성인학습의 기본적인 분석단위는 개인과 지역사회이다. 즉, 성인학습에 기반을 둔 경우 일터학습의 주요 관심은 구성원 개인일 수밖에 없다. 이후 일터에서 발생하는 학습은 팀 단위와 조직 단위로 확대되어 팀학습, 조직학습, 학습조직 등이 연구되어 졌다.

Argyis & Schön[1974, 1978]은 조직심리학적 관점을 기반으로 하여 일터에서 학습을 환경에의 적응과 성찰에 기초한 변화와 발전으로 확장한 단일고리학습single loop learning과 이중고리학습double loop learning으로 구분하여 논의하였다. 또한 Marsick & Watkins[1990]의 우연적 상황에서의 학습을 강조한 일터학습 개념 역시 역사적으로 볼 때 중요한 기여를 한 이론이다. 학습의 심리학적 특성에 기반하여 경험과 성찰을 중심으로 개인학습이 이루어지는 일터와 조직 맥락을 강조하였다. Watkins & Marsick[1992]은 일터학습의 유형을 형식적 학습Formal Learning, 무형식학습Informal Learning, 우연적 학습Incidental Learning으로 구분하는데 형식적 학습은 계획된 학습, 무형식학습은 구조화 되지 않은 학습, 우연적 학습은 의도하지 않은 부산물로 정의하였다. Elkjaer & Wahlgren[2006]은 일터에서는 무형식적이고 우연적인 학습 기회를 제공할 뿐 아니라 이러한 학습이 형식적인 교수teaching와 안내적 활동으로 결합될 필요가 있음을 강조하면서 일터학습을 형식학습, 무형식학습, 우연적 학습으로 구분하였다. 배을규[2007]는 다양한 일터학습의 이론적 배경과 유형 가운데 일터환경과 맥락에서 일상적인 일과 관련된 활동과 일터의 다양한 교육자원의 영향을 받는, 즉 개인과 일터 환경의 사회적 상호작용 맥락을 강조한 무형식학습활동을 일터학습의 중요사항으로 강조하였다.

종합하면 일터학습의 역사는 성인교육 또는 성인학습 영역에서 일터 또는 조직에 관심을 갖는 학자와 실천가들로부터 시작하여 일터에서 개인/성인의 학습 촉진을 위한 학습이론과 전략에 초점을 두었다. 이후 학습의 단위가 팀과 집단 그리고 조직으로 확대되면서 일터학습의 범주가 확대되었다. 배을규[2007]는 최근 일터학습이론은 개인학습에서 사회학습으로, 개인과 개인, 개인과 일터환경과의 사회적 상호작용의 종합적이고 체계적 분석을 강조하는 방향으로 전개되고 있다고 하였다. 그리고 오늘날 스마트 디바이스의 혁명으로 다양한 단위, 다양한 학습형태가 더욱 촉진됨에 따라 일터학습의 제 2 전성기를 맞이하고 있다고 볼 수 있다.

2) Workplace Learning의 정의

일터학습에 대한 개념들은 학자에 따라 다양하지만 공통적으로 조직구성원의 주요 학습 원천은 그들이 업무 중에 수행하고 있는 일과 관련된 활동 및 일터 환경과의 상호작용임을 알 수 있다. 예를 들면, Sambrook 2005은 일터학습을 learning at work와 learning in work로 구분하면서 learning at work는 일터학습이 발생하는 환경으로서 'work'를 강조하였다. 따라서 일터에서 이루어지는 보다 형식적인 교육훈련예를 들면, 입문교육, 건강과 안전 의무교육, 대학이 제공하는 프로그램이지만 장소가 일터인 경우 등을 learning at work으로 보았다. 반면 learning in work는 업무수행에 내재되어 있는 무형식학습 활동을 의미하였다.

일터학습은 다양한 용어로 불리고 있으며, 연구자에 따라 그 개념과 범주가 다르게 분류되고 있으며 하나의 개념으로 정의하기에는 어려움이 있다 Jacobs & Parks, 2009. 본 고는 일터학습에 대한 정의를 일과 일터workplace에 대한 접근 방법에 따라 크게 두 가지 관점으로 구분하고자 한다. 첫째, 학습이 일어나는 장소에 초점을 두는 관점과 둘째, 일과 관련된 학습에 초점을 두는 관점이 그것이다.

(1) **첫번째 관점**: Learning in the Workplace

일터란 본질적으로 사회적 상호작용이 일어나는 곳이며, 일터에서의 학습이란 일의 과정, 일을 수행하는 사람들과의 관계에서 생길 수 있는 자연스럽고 자율적인 프로세스이다. 많은 일터는 구성원들이 직무수행을 잘 할 수 있도록, 성과향상을 위하여, 좋은 팀 구성원이 될 수 있도록, 개인개발과 경력관련 니즈에 충족하기 위해 도움이 될 수 있는 환경을 제공한다. Boud & Garrick 1999은 일터학습을 구성원의 직무수행을 위해 필요한 현재 또는 미래 역량을 습득하기 위해서 일터에서 이루어지는 학습으로 정의했다. 또한 Rothwell, Sanders & Soper[1999]는 일터학습을 업무환경에서 한정적으로 이루어지는 학습으로 정의하였다.

일터는 학습이 이루어지는 장소이며 학습을 촉진하는 환경이기도 하다. 직장인들이 경험하는 학습과 육성의 70%는 일터에서 발생한다. 이제 일터는 단순히 노동력을 제공하고 그에 따른 보상을 획득하는 장소 이상의 의미를 갖는다. 일터는 자기성장과 개발의 원천이며 무대이다. 즉, 일터는 또 하나의 교실이며 학교인 것이다. 따라서 성장과 개발의 기회가 주어지지 않은 일터에서는 자신의 일과 상사 그리고 조직에 대한 열의[engagement]가 낮을 것이고 성장과 개발의 기회가 지속적으로 주어지는 일터는 그 반대의 현상이 발생한다.

일터에서 구성원들은 일상적인 직무를 수행하는 동안, 새로운 과업을 수행하면서, 동료들과의 상호작용을 통해, 업무 프로세스에 대한 반성적 사고를 하면서, 지식이나 정보를 살펴보는 동안, 선배들을 모방하면서, 적절하게 업무절차를 변화시키면서, 외부교육에서 배운 것을 현업에 돌아와 적용시키면서 학습이 이루어질 수 있다. 이와 같은 학습유형을 무형식학습이라고 부른다. 결국 나를 중심으로 상사와 동료를 포함한 일터의 모든 환경 및 상황과 상호작용하면서 학습이 발생한다. 경우에 따라서는 비판적 반성 및 성찰 등 인지적 프로세스를 거치기도 하지만 우연히 자신도 모르는 사이 몸과 마음으로도 학습이 발생하기도 한다. Choi[2009]는 일터학습을 조직의 일원으로서 조직의 가치와 감정에 대한 사회화 과정까지 확대하기도 하였다.

(2) 두번째 관점: Work related-Learning

앞에서 설명한 일터학습이 학습의 발생장소로서 일터를 강조하지만 일과 관련된 학습[work related-learning] 역시 앞에서 설명한 일터학습의 많은 부분을 교집합으로 공유할 수 있다. 예를 들면, 일과 관련된 학습에서 많은 부분의 일과 관련하여 주변 환경 및 사람들과의 관계, 업무수행과 관련한 비판적 반성 및 성찰 등이 발생한다.

Billet[2002]은 일터학습을 구성원이 일터에서 직무를 수행하는 과정에서 동료나 상사의 도움을 통해 지식과 기술을 습득하는 것으로 정의하였다. 이와 같은 정의는 앞에서 설명한 learning in the workplace와 일치한다. 그러나 Billet[2002]은 일터에서의 경험은 업무수행에 필요한 학습에 영향을 줄 수 있어야 하므로 업무수행에 필요한 사항을 중심으로 구조화되어야 함을 강조하면서 일터학습을 형식학습, 구조화된 학습, 일터의 목표 지향적인 활동으로 분류하였다. 여기서 형식학습은 일터 내 또는 일터 밖에서 이루어지는 일 관련 학습기회를 의미한다고 볼 수 있다.

Sambrook[2005]은 일 관련 학습을 설명하는 데 있어서 외부에서 진행되는 형식적 교육훈련의 과정을 포함하였다. Poell[2005]은 3가지로 일터학습의 개념을 정의하고 있는데, 공식적 상황[교육상황, 세미나 등]에서의 학습, 자기주도 상황에서의 학습, 일을 하면서 발생한 부산물로서의 우연학습[incidental learning]이 그것이다. 한편 Colley et al.[2002]는 기존의 형식학습 및 무형식학습 범주 이외에 비형식학습[non-formal learning]을 추가하여 일터학습을 보다 광범위하게 개념화 하였다.

Clarke[2005]는 일터학습을 크게 직장 내 학습과 직장 외 학습으로 구분하면서, 형식적 직장 외 학습, 독자적인 직장 내 학습, 집단적인 직장 내 학습으로 일터학습을 정의하였다. Jacobs & Park[2009]은 체계적이고 형식적인 교육훈련과 일터 내 구성원 간 상호작용 등을 통해 직무능력을 향상시킬 수 있는 다양한 학습활동으로 일터학습을 정의하였다. 그들은 일터학습의 유형을 크게 형식학습, 무형식학습, 그리고 형식학습과 무형식학습의 혼합형태로 구분하면서 이를 다시 학습장소[일터 내/일터 외], 계획의 정도[체계성 정도], 훈련자 또는 지원/조력자의 역할[수동적/능동적]에 따라서 다양한 형태의 일터학습이 존재할 수 있음을 강조하였다.

이상의 정의들은 일터학습의 발생장소를 일터 내로 한정하지 않는다.

다만 일터 밖에서 이루어지지만 일 관련된 학습이면 일터학습의 범주로 보았다. 박윤희[2012]는 일터학습의 일터라고 해서 단지 업무가 이루어지는 현장으로 제한하지 않고 업무 관련되는 한 '회사 집체훈련' 또는 집에서 수강하는 'e-Learning'과 같이 직장 외부에서 실시하는 교육훈련 또는 학습도 일터학습에 포함되어야 한다고 하였다. 따라서 일터학습은 일과 관련된 학습으로 볼 수 있다.

이상의 내용을 정리하면 일터학습이란 조직의 구성원들이 직무수행을 잘 할 수 있도록 일터에서 이루어지는 계획적인 형식훈련과 다양한 무형식학습활동을 의미한다. 이때 일터란, 단지 업무가 일어나는 현장에 국한되지 않고 업무와 관련되어 교육, 훈련, 학습이 일어나는 장소를 포함한다. 또한 일터학습은 학습의 맥락을 강조하고 있지만, 일터학습이 개인적이고 무형식적인 학습만을 의미하는 것은 아니다. 결국 일터학습이란 개인, 팀, 조직이 일터에서 형식적, 비형식적 또는 우연적으로 이루어지는 자신과 주변 환경, 다른 사람과의 지속적인 상호작용 과정으로 정의할 수 있다. 결국 본 장은 일터학습이란 일 관련 일터에서 발생 또는 촉진하는 학습으로 정의하고자 한다.

03 Workplace Learning의 대표 프로그램

최근 일터학습은 일터의 일상적인 업무활동이 다양한 맥락과 상황 속에서 발생한다는 점을 인정하면서 액션러닝, 코칭, 멘토링 등의 일터학습 프로그램이 고안되었다[오미영, 2012]. 일 관련 일터 기반 학습전략들을 소개하면 다음과 같다.

1) OJT / S-OJT

일터에서 일어나는 대표적 일터학습 사례는 OJT[On-the-Job Training]이다. OJT는 직무경험이 풍부한 선배사원이 신입사원이나 전입한 경력사원을 대상으로 일터 현장에서 업무/직무관련 지식, 기술, 노하우 등을 전달하는 교육훈련 프로세스를 의미한다. OJT는 신규 조직 구성원의 조기전력화 및 사회화를 위해서 필요한 전략이지만 비계획적이고 비체계적이기 때문에 지도사원에 따라 전달되는 학습내용 및 그 결과가 달라질 수 있다. 즉, 학습목표가 불명확하고 학습내용이 부정확하며, 학습결과에 대한 일관성 확보가 어려운 단점들이 있다[권대봉, 조대연, 2013]. 이러한 OJT의 단점을 극복하기 위해 S-OJT[Structured-OJT]가 제안되었으며, OJT 대비 S-OJT의 가장 큰 특징은 계획적이고 체계적인 과정을 거쳐 교육훈련이 준비, 진행, 평가된다는 점이다.

Jacobs[2003]는 S-OJT를 직무현장 또는 직무현장과 유사한 곳에서 경력사원이 신입사원을 교육함으로써 업무단위 역량을 개발하는 계획된 과정으로 정의했다. 또한 Cho[2009]는 Jacobs[2003]가 제안한 S-OJT시스템에 기반하여 학습자뿐만 아니라 트레이너 역시 학습자와의 상호작용을 통한 학습의 과정에 참여할 수 있는 기회를 부여받는다고 하였다. 즉, Jacobs[2003]는 S-OJT가 경험이 풍부한 지도사원에 의해 업무경험이 거의 없는 백지상태인 신입사원에게 교육시킬 내용을 전달하는 일방향적[one-way] 프로세스를 강조하였다.

반면 Cho[2009]는 신입사원도 충분한 입사 전 경험과 준비를 통해 백지상태라고 보기 어려우며 지도사원이 교육시킨 내용을 전달하는 과정을 상호작용적[two-way] 과정으로 보고 지도사원에게도 학습기회가 부여될 수 있는 측면을 강조하였다. 즉, OJT와 S-OJT 모두 일 관련 과업단위를 교육내용으로 삼고 있으며 일터에 기반한 학습기회를 제공하고 있기 때문에 일터학습의 전형적인 예라고 할 수 있다.

2) Coaching(코칭)

코칭은 임원 코칭, 관리자 코칭, 커리어 코칭, 비즈니스 코칭, 그룹 코칭, 팀 코칭, 라이프 코칭 등 대상과 코칭의 주제에 따라서 다양한 형태로 존재한다. 그러나 HRD에서 코칭은 일반적으로 외부전문코칭과 사내코칭으로 나눌 수 있다. 이 경우 코칭이 일 관련 HRD전략일 수 있지만 일터 밖에서 발생할 수 있기 때문에 일터 기반으로 보기 어려운 경우도 있다. 그러나 일 관련 일터 기반 코칭의 대표적인 예가 관리자 코칭이므로 이를 중심으로 설명하고자 한다.

전통적으로 코칭은 상호 목표를 달성할 수 있도록 코치가 코치이를 돕는 관계이며 과정으로 정의할 수 있다. 코칭은 스스로를 발전시키고 보다 더 유능해지기 위해 개인에게 필요한 지식, 도구 기회를 마련해 주는 프로세스이며[Peterson & Hicks, 1996], 직무상 문제 및 관심 이슈의 해결지원을 위한 HRD 프로그램이다[Feldman & Lankau, 2005; Jones, Rafferty, & Griffin, 2006]. 또한 최근 관리자 코칭은 관리자에게 요구되는 리더십의 한 형태로까지 발전하였다. 이는 일터에서 부하직원 육성이 리더들에게 어느 때보다도 강조되고 있기 때문이다[장윤영, 이희수, 2015; 정태영, 최운실, 2009].

조대연, 박용호[2011]는 일상적인 일 관계 속에서 구성원이 성과향상을 위해 주도적으로 노력할 수 있도록 학습기회를 제공하고 직무관련 문제를 해결할 수 있도록 돕는 상사의 행동집합체로 관리자 코칭을 정의하였다. 관리자 코칭에서 핵심은 부하직원 또는 코치이에게 여백을 제공하는 것이다. 관리자가 부하직원의 일관련 문제를 발견하거나 도움요청이 있을 때 즉각적으로 해결책을 제시하지 말아야 한다. 코치이가 주도적으로 문제를 파악하고 해결할 수 있도록 지원하고 돕는 역할을 수행해야 한다.

코칭 활동에는 코치, 코치이, 과제의 세가지 요소가 포함되며[McLean, Yang, Kuo, Tolbert & Larkin, 2005], 코칭이란 코치와 코치이 상호 간 신뢰와 존중을 바탕으로 코치이 개인의 학습을 장려하고 문제해결을 위한 역량을 높여 성과향상에 기여하도록 상호 합의된 목표를 설정하여 지속적으로 협력해가는 상호작용적 프로세스이다[조대연, 김희영, 2009]. 따라서 관리자 코칭은 크게 학습기회 제공을 통한 역량향상 지원기능과 문제해결 지원기능으로 구분할 수 있다. 여기서 중요한 것은 관리자가 역량향상을 시키고 문제를 해결하는 것이 아닌 지원의 역할이다.

3) Mentoring(멘토링)

멘토링은 주로 조직에 새로 들어온 신입/경력사원의 조직사회화를 위한 목적으로 시행되나, 구성원의 육성을 목적으로도 활용되는 솔루션이다. 멘토링은 멘티의 경력개발에 도움이 되고 도전적 과제를 잘 수행할 수 있도록 자원과 도움을 제공하며 멘티의 조직사회화를 원활히 하여 조직 내 안정감과 소속감을 증진시킬 수 있도록 돕는다[권대봉, 조대연, 2013]. 이 두 가지 기능에서 학습이 매우 중요한 역할을 수행하게 된다[Lankau & Scandura, 2002]. 일터에서 멘토는 멘티의 동료로서 상호작용하며 함께 배움을 찾아가고, 멘티가 가질 수 있는 조직의 모순적 상황에 대한 이해와 개념을 극복할 수 있도록 조력하는 역할을 수행한다.

Hezlett[2005]은 멘토링에서 발생하는 학습의 유형을 인지적 학습, 기술기반학습, 정서적 학습으로 구분하였다. 즉, 경력개발과 조직적응을 위해 실시되었던 멘토링이 학습과정으로 그 기능이 확장되었다. 멘토링 역시 일 관련의 내용을 매개로 멘토와 멘티의 학습을 위한 상호작용이 주를 이룬다. 또한 주로 일터를 기반으로 이루어 질 수 있기 때문에 일터학습의 대표적인 예로 볼 수 있다.

4) 액션러닝

액션러닝은 개인개발 전략임과 동시에 조직개발 전략으로도 활용된다. 액션러닝은 액션과 러닝의 합성어이다. 액션러닝의 목적은 현장에서 발생한 과제[문제]의 해결 또는 해결방안에 대한 도출에 있다. 과제는 일터의 이슈이며 이를 해결하기 위한 과정에 학습 프로세스가 진행된다. 그 과정동안 참가자들은 지식습득, 질문 및 대화, 그리고 성찰을 통해 과제의 내용뿐만 아니라 과제 해결의 과정을 학습한다[봉현철, 2007]. Kuhn & Marsick [2005]은 소집단으로 구성된 참가자들이 실제 문제해결을 위한 프로젝트를 수행하면서 학습을 통해 개발의 기회를 갖는 것으로 액션러닝을 정의하였다. 즉, 액션러닝 참가자들은 문제해결과정에서 자신들이 갖고 있는 기본 가정에 대한 도전의식이나 의도적인 성찰 등이 진행되면서 학습기회를 갖는다.

액션러닝이 다른 학습방법과의 가장 큰 차이는 실제 일과 관련된 과제나 문제를 해결함으로써 자연스럽게 학습으로 연결된다는 점이다. 초창기 액션러닝에서 학습은 프로그램화 된 기존 지식과 질문 발견의 결과물[L=P+Q]이었으나 이후 성찰[Reflection]과 실천[Implementation]이 추가되어 L=P+Q+R+I 라는 공식이 등장하였다. 액션러닝은 우선 일 관련 주제를 학습내용으로 다룬다는 점과 일터 기반에서 진행될 수 있다는 점에서 일터학습의 대표적 프로그램이라고 볼 수 있다.

04 Workplace Learning의 향후 전망

평생학습시대에서 '학습'의 의미는 한정된 상황, 정해진 내용을 습득하는 것만을 의미하지 않는다[권대봉, 2002]. 정책적 차원에서도 일과 학습을 통합하고자 하는 노력들이 있어왔다. 본 고는 일터학습이란 일 관련 일터 기반의 학습을 의미한다. 앞으로 일터학습의 미래 모습을 몇 가지 제안해 보고자 한다.

첫째, 일터학습에서 일터는 장소를 의미한다. 장소는 물리적 위치를 가리키는 말이다. 과학기술 및 정보통신기술의 발달로 장소의 개념이 물리적 장소뿐만 아니라 온라인 공간도 하나의 장소가 되었고 따라서 가상현실[Virtual Reality: VR]과 증강현실[Augmented Reality: AR]역시 학습의 공간으로써 자리 잡았다. 가상현실과 증강현실은 완벽한 가상공간을 구축하기에 일부 아쉬운 점들이 있었지만, 최근에는 이러한 부족한 점들을 넘어 혼합현실[Mixed Reality: MR]의 개념이 등장했다. 혼합 현실 속의 업무환경[Working in a Mixed Reality]은 현실과 가상의 정보를 융합해 가장 진화된 형태의 일터학습을 구축하는 장소를 제공해 줄 것이다.

둘째, 이처럼 새롭게 펼쳐질 일터학습의 공간은 첨단기술 발달을 전제로 하지만, 여전히 현재의 학습방법이 미래에도 효과적인 수단의 하나임에는 변함이 없을 것이다. 현재 일터에서 이루어지는 무형식학습은 기술의 발달에 따라 클라우드 러닝[Cloud Learning]으로 연결될 수 있다. 업무 현장에서 학습이 필요할 때 언제라도 필요로 하는 정보를 클라우드에서 찾아 학습할 수 있는 일 관련 학습이 상시 일어나는 것이며, 구글, 유튜브, 위키피디아 등 관련 도구들의 발달과 함께 더욱 가속화 될 것이다.

셋째, 일터학습은 중소기업의 HRD 솔루션으로 더욱 자리매김할 것이다. 비용, 시간, 업무공백에 대한 대체 문제 등 중소기업은 중견기업 이상 대기업과 HRD 프로그램의 참여에 있어 매우 제한적이다. 그러나 중소기업을 대상으로 한 HRD는 중소기업의 경쟁력과 국가경쟁력 향상에 직결된 아젠다이다. 중소기업이 여러 가지 장애요인을 극복하고 HRD의 성과를 공유하기 위해서는 일터학습이 유일한 솔루션이다. 중소기업에서 학습은 일과 직결되어 있어야 하며 즉시 활용되어야 한다. 이를 위해 '일 관련'과 '일터 기반', 이 두 가지의 표현은 가장 핵심 키워드일 수밖에 없다.

넷째, 일터학습 현상은 매우 역동적인 모습을 갖기 때문에 단일한 관점이나 이론으로 이해한다는 것은 어렵다[배을규, 2007]. 다학문적 접근을 갖고 있는 HRD의 특성상 일터학습 역시 보다 다양한 학문적 접근과 이론들이 함께 논의될 필요가 있다. 현재는 학습중심의 논의들이 일터학습의 주를 이루어 왔다. 이후 경력개발 또는 경제학 측면에서의 성과 논의 등 보다 다양한 학문적 배경 속에서 일터학습이 논의되어야 한다.

참고문헌

권대봉(2002). 일과 학습 통합 시대의 평생교육 전문성 탐구. 평생교육학연구, 8(1), 1−20.

권대봉, 조대연(2013). HRD Essence. 서울: 박영사.

박윤희(2012). 중소기업 근로자의 일터학습에 대한 인식 연구. Andragogy Today, 15(1), 87−115.

배을규(2007). 일터학습 이론의 한계와 방향: 세 가지 실천기반 학습이론의 관점에서. 교육의 이론과 실천, 12(1), 189−208.

봉현철(2007). 한국 기업 액션러닝 프로그램의 핵심성공요인 탐색: 요인의 내용과 요인간의 관계에 관한 고찰. 경상논총, 25(3), 1−34.

오미영(2012). 방송 실무교육으로서의 일터학습 사례 연구. 한국콘텐츠학회논문지, 12(12), 823−833.

장윤영, 이희수(2015). 영업역량이 영업성과에 미치는 영향과 일터학습의 조절효과. 인적자원관리연구, 22(2), 231−249.

정연순(2005). 실행공동체 참여로서의 일터학습: 기업체 신입사원 및 초급관리자 사례를 중심으로. 산업교육연구, 24(3), 99−121.

정태영, 최운실(2009). 영업관리자의 코칭이 직무성과에 미치는 영향 분석: 평생학습 및 HRD에서의 코칭성과와 신뢰의 매개효과를 중심으로. HRD연구, 11(3), 125−153.

조대연, 김희영(2009). 비즈니스 코칭 프로세스와 코칭행동 탐색. 평생교육HRD연구, 5(4), 51−71.

조대연, 박용호(2011). 관리자의 코칭행동과 부하직원이 인식한 직무성과의 관계. HRD연구, 13(4), 89−109.

Argyis, C., & Schön, D. A. (1974). *Theory in Practice: Increase professional effectiveness.* San Francisco: Jossey-Bass.

Argyis, C., & Schön, D. A. (1978). *Organizational learning: A theory of action perspective.* Reading, MA: Addison-Welsey.

Berings, M. G. M. C., Poell, R. F., & Simons, P. R. (2005). Conceptualizing on-the job learning styles. *Human Resource Development Review,* 4, 373-400.

Billett, S. (2002), Critiquing workplace learning discourses: Participation and continuity at work. *Studies in the Education of Adults,* 34(1), 56-67.

Boud, D., & Garrick, J. (1999). Understandings of workplace learning, In D. Boud and J. Garrick (eds.), *Understanding learning at work.* London: Routledge.

Cho, D. (2009). Impact of structured on-the-job training(S-OJT) on a trainer's organizational commitment. *Asia Pacific Education Review,* 10(4), 445-453.

Choi, W. (2009). *Influences of formal learning, personal characteristics, and work environment characteristics on informal learning among middle managers in the Korean banking sector.* Unpublished Doctoral Dissertation from the Ohio State University.

Clarke, N. (2005). Workplace learning environment and its relationship with learning outcomes in healthcare organizations. *Human Resource Development International,* 8(2), 185-205.

Colley, H., Hodkinson, P., & Malcolm, J. (2002). Non-formal Learning: Mapping the conceptual terrain. A Consultation report, University of Leeds Lifelong Learning Institute.

Elkjaer, B., & Wahlgren, B. (2006). Organizational learning and workplace learning-similarities and differences. In E. Autonacopoulou, P. Jarvis, V. Anderse, B. Elkjar, & S. Hoyrup. (Eds.), *Learning, working and living: mapping the terrain of working life learning.* New York: Palgarve

Macmillan.

Fenwick, T. (2003). Toward enriched conceptions of work learning: Participation, expansion, and translation among individuals within activity. *Human Resource Development Review,* 5, 285-302.

Fledman, D. C., & Lankau, M. J. (2005). Executive coaching: A review and agenda for future research. *Journal of Management,* 31(6), 829-848.

Hager, P. (2011). Theories of workplace learning. In M. Malloch, L. Cairns, K. Evans, & B. N. O'Connor. (Eds.), *The SAGE handbook of workplace learning.* London: SAGE Publications Ltd.

Hezlett, S. A. (2005). Protégés' learning in mentoring relationships: A review of the literature and an exploratory case study. *Advances in Developing Human Resources,* 7(4), 505-526.

Jacobs, R. L. (2003). *Structured on-the-job training: Unleashing employee expertise in the workplace(2nd ed.).* San Francisco: Berrett-Koehler Publications, Inc.

Jacobs, R., & Parks, Y. (2009). A proposed conceptual framework of workplace learning: Implications for theory development and research in Human Resource Development. *Human Resource Development Review,* 8(2), 133-150.

Jones, R. A., Rafferty, A. E., & Griffin, M. A. (2006). The executive coaching trend: Towards more flexible executives. *Leadership & Organization Development Journal,* 27(7), 584-596.

Kuhn, J., & Marsick, V. J. (2005). Action learning for strategic innovation in mature organizations: key cognitive, design, and contextual considerations. *Action learning: Research and Practice,* 2(1), 27-48.

Lankau, M. J., & Scandura, T. A. (2002). An investigation of personal learning in mentoring relationship: Content, antecedents, and consequences. *Academy of Management Journal,* 45(4), 779-790.

Marsick, V. J., & Watkins, K. E. (1990). *Informal and incidental learning in the workplace.* New York, NY: Routledge.

McLean, G. N., Yang, B., Kuo, C., Tolbert, A., & Larkin, C. (2005). Development and initial validation of an instrument measuring coaching behavior. *Human Resource Development Quarterly,* 16(2), 157–178.

Peterson, D. B., & Hicks, M. D. (1996). *Leader as coach: Strategies for coaching and developing others.* Minneapolis, MN: Personnel Decisions International.

Poell, R. (2014). Workplace Learning. In N. E. Chalofsky, T. S. Rocco, M. L. Morris. (Eds.), *Handbook of human resource development. Somerset,* NJ: Wiley.

Rothwell, W. J., Sanders, E. S., & Soper, J. G. (1999). *ASTD models for workplace learning and performance: Roles, competencies, and outputs.* Alexandria, VA: ASTD.

Sambrook, S. (2005). Factors Influencing the Context and Process of Work–related learning: Synthesizing Findings from two Research projects. *Human Resource Development International,* 8(1), 101-119.

Watkins, K. E., & Marsick, V. J. (1992). Toward a theory of informal and incidental learning in organizations, *International Journal Of Lifelong Education,* 11(4), 287–300.

02

WORKPLACE LEARNING

WORKPLACE LEARNING의 개념적 모형

박윤희[1]

SUMMARY

일터학습(Workplace Learning)의 정의와 유형은 학자들마다 다양하게 제시되고 있지만 일터에서의 학습에 대한 관점에 따라 '습득 메타포로서 기존의 학습 패러다임인 형식학습'과 '참여 메타포로서 새로운 학습 패러다임인 무형식학습'의 유형으로 크게 구분된다. 일터학습을 형식학습과 무형식학습의 이분법적으로 구분하는 것은 일터학습의 쟁점으로 제기된다. 즉, 한 가지 유형의 학습이 우월하다고 강조하는 것은 다른 한 쪽의 학습 기회를 놓치고 학습의 유용성을 간과하는 우를 범할 수 있다. 또 일터에서의 학습은 형식학습과 무형식학습의 다이내믹한 상호작용을 통해 일어나기 때문에 학습은 형식학습과 무형식학습을 서로 연결함으로써 극대화될 수 있다. 그리고 형식성(formality)과 무형식성(informality)은 모든 학습 환경에서 존재하는 특징이므로 이러한 특징을 중심으로 학습을 바라보는 것이 적절하다.

이러한 일터학습에 대한 이분법적 관점 및 유형의 쟁점에 대응하고 일터학습을 통합적으로 개념화하기 위하여 Jacobs와 Park(2009)은 세 가지 기준(학습장소, 계획의 정도, 훈련자 또는 지원자의 역할)에 근거하여 일터학습의 개념적 모형을 제시하였다. 일터학습의 개념적 모형은 학습장소(현장 외, 현장 내), 계획의 정도(체계적, 비체계적), 훈련자(trainer) 또는 지원자/조력자(facilitator)의 역할(수동적, 능동적) 기준에 따라 여러 조합이 가능한 다양한 형태의 일터학습이 도출될 수 있다.

일터학습의 개념적 모형은 조직에서 이루어지는 다양한 학습의 형태를 보다 포괄적이고 통합적으로 제시할 수 있으며, 조직에서는 이러한 모형을 통해 조직 구성원들의 역량 개발을 위해 적절한 형태의 일터학습 활동을 운영할 수 있다.

1 제1저자, 한국기술교육대학교 문리HRD학부 조교수(park878@koreatech.ac.kr).

KEY WORD Workplace Learning 관점, Workplace Learning 유형, Workplace Learning 개념적 모형

01 Workplace Learning의 정의

일터학습에 대한 관심은 세계화 및 지식사회의 진전과 인간의 역량이 점차적으로 중요한 자원이 되고 조직 경쟁력의 중요한 척도가 되면서 대두되었다[Illeris, 2003]. 급속한 정보통신 기술의 발달, 지식의 증가, 국제화의 진전 및 직업 구조의 변화, 업무 조직 및 내용에서의 변화는 교육훈련 기관뿐 아니라 인력의 역량 수준이 이러한 변화에 부응할 수 있도록 업무 현장에도 도전을 주고 있다[Tynjälä, 2008]. 이에 따라 조직의 지속적인 변화 속에서 인력의 학습과 역량 개발이 일터에서 어떻게 일어나고 있는지 파악하는 것은 중요하게 되었다[Illeris, 2003].

조직에서의 일 또는 업무는 학습을 위한 상황과 조건을 형성하는 동시에 개인과 일터의 상호작용을 도모하여 학습을 촉진한다. Billett[2004]는 일터가 개인에게 학습 기회를 어느 정도로 제공하는지와 개인이 그러한 학습 기회를 어느 정도로 활용하는지가 중요하다고 하였다. 즉, 일터는 학습과 역량 개발의 가능성과 기회를 제공하지만, 개인이 업무를 통한 학습에 얼마나 적극적으로 참여하고 얼마나 타인과 활발하게 상호작용하는지가 학습에 있어 중요한 관건이 된다. 이처럼 지식은 사회적 실행과 그러한 실행에 참여하는 개인과의 상호작용을 통해 형성되므로 일터[workplace]를 업무 수행만이 아닌 학습[learning]을 위한 장소로 인식하는 것이 중요하다.

선행연구를 살펴보면, 일터학습workplace learning은 여러 가지 의미와 다양한 형태를 내포하고 있다. '일work'과 '학습learning'을 포함하는 용어에는 '일터학습workplace learning', '훈련training', '교육훈련education and training', '일터 또는 기업 내에서의 학습learning at work 또는 learning in work', '업무 관련 학습work-related learning' 등이 해당된다. 이와 같이 일터학습은 다양한 용어로 불리고 있으며, 연구자에 따라 그 개념과 범주도 다르게 분리되고 있다. 즉, Sambrook[2005]은 일터학습을 형식적인 교육훈련과정으로서의 learning at work와 업무 활동에 내재되어 있는 무형식 과정으로서의 learning in work로 구분하였다.

그리고 Watkins와 Marsick[1992]은 일터학습을 형식학습formal learning, 무형식학습informal learning, 우연적 학습incidental learning으로 그 유형을 구분하면서, 형식학습이란 체계적인 계획에 따라 이루어지는 훈련을 의미하고 무형식학습은 교실형태의 집체훈련이나 고도로 구조화된 훈련이 아니며 우연적 학습은 다른 활동을 통해 얻게 되는 비의도적인 부산물이라고 정의하였다. 이와 유사하게 Elkjaer과 Wahlgren[2006]은 일터에서는 무형식적이고 우연적인 학습 기회를 제공할뿐 아니라 이러한 학습이 형식적인 교수teaching 및 안내적 활동과 결합될 필요가 있음을 강조하면서 일터학습을 형식학습, 무형식학습, 우연적 학습으로 구분하였다.

한편, Billett[2001]는 일터에서 이루어지는 경험들은 업무수행에서 요구되는 지식의 학습에 영향을 줄 수 있어야 하므로 무형식적이거나 비구조화되어서는 안되며 우연적이어서도 안된다고 주장하였다. 이러한 관점에서 그는 일터학습이란 업무수행에 필요한 사항을 중심으로 구조화되어야 함을 강조하면서 일터학습을 형식학습formal learning, 구조화된 학습structured learning, 일터의 목표 지향적인 활동goal-directed activity of the workplace으로 분류하였다. Colley 등[2003]은 기존의 형식학습 및 무형식학습의 범주 이외에 비형식학습non-formal learning을 추가하여 일터학습을 개념화하였다.

또한 Clarke[2005]는 일터학습을 크게 직장내 학습과 직장외 학습으로 구분하고, 형식적 직장 외 학습[formal, planned learning off the job], 독자적인 직장 내 학습[independent on－the－job learning], 집단적인 직장 내 학습[group on－the－job learning]으로 일터학습을 정의하였다.

지금까지 살펴본 선행연구의 일터학습 정의를 요약하여 제시하면 다음의 <표 1>과 같다. 선행연구는 일터학습에 대한 통일된 정의가 존재하고 있지 않으며, 일터학습의 개념 구성도 다양하게 분류되고 있으나 대체로 형식학습[formal learning] 및 무형식학습[informal learning]으로 구분된다.

표 1　일터학습의 정의

저 자	일터학습 정의
Watkins & Marsick (1992)	• 형식학습(formal learning) • 무형식학습(informal learning) • 우연적 학습(incidental learning)
Sambrook(2005)	• 형식적인 교육훈련과정으로서의 learning at work • 업무 활동에 내재되어 있는 무형식 과정으로서의 learning in work
Billett(2001)	• 형식학습(formal learning) • 구조화된 학습(structured learning) • 일터의 목표 지향적인 활동(goal－directed activity of the workplace)
Colley, Hodkinson, & Malcom(2003)	• 형식학습(formal learning) • 무형식학습(Informal learning) • 비형식학습(Nonformal learning)
Clarke(2005)	• 형식적 직장 외 학습(formal, planned learning off the job) • 독자적인 직장 내 학습(independent on－the－job learning) • 집단적인 직장 내 학습(group on－the－job learning)

Elkjaer & Wahlgren (2006)	• 무형식학습(Informal learning) • 우연적 학습(Incidental learning) • 형식학습(More formal learning)

출처: Jacobs & Park(2009), pp. 137－139 표 요약정리.

02 Workplace Learning의 관점 및 유형

1) Workplace Learning의 관점

Workplace Learning에 대한 관점과 관련하여 Sfard[1998]는 학습의 현상을 묘사하기 위하여 학습에 대한 두 가지 메타포를 제안하였다. 첫 번째는 '습득 메타포[acquisition metaphor]'로 이는 학습을 지식 습득의 과정으로 보는 것이고, 두 번째는 '참여 메타포[participation metaphor]'로 학습이 사회적 커뮤니티의 실행에 참여함으로써 일어난다고 보는 것이다. 한편, Hager[2004]는 일터학습 연구를 발전시킬 필요가 있음을 강조하면서 학습에 대한 관점을 '기존의 학습 패러다임[standard paradigm of learning]'과 '새로운 학습 패러다임[emerging paradigm of learning]'으로 구분하였다. 새로운 학습 패러다임은 학습을 행동으로 보고, 이러한 학습이 초래하는 변화는 학습자의 마음에서 뿐만 아니라 학습자의 환경에서도 발생하는 것으로 보았다. 따라서 학습의 주요 결과는 환경에서 새로운 관계의 창조이며, 이러한 관점에서 학습은 내재적이고 맥락적으로 간주된다.

Sfard[1987]의 학습 메타포와 Hager[2004]의 학습 패러다임을 비교하면, 습득 메타포는 기존의 학습 패러다임과 관련되고, 참여 메타포는 새로운 학습 패러다임과 부합된다. Hager[2004]는 지식이나 스킬의 습득에 초점을 둔 기존 패러다임은 교육훈련 시스템과 연관성이 있으며, 업무 수행이나 커뮤니티 참여를 통한 학습은 기존의 교육훈련 형태에 포함하기 어렵다고 하였다. 이러한 측면에서 일터학습은 일터학습에 대한 관점에 따라 '습득 메타포로서 기존의 학습 패러다임인 형식학습'과 '참여 메타포로서 새로운 학습 패러다임인 무형식학습'으로 구분된다.

2) Workplace Learning의 관점에 따른 유형

앞에서 살펴본 일터학습의 관점에 따라 일터학습의 유형을 살펴보면 다음과 같다.

(1) 습득 메타포로서 기존의 학습 패러다임인 형식학습

형식학습은 '습득 또는 성취로서의 학습'[Sfard, 1998]으로 간주되고 있다. 형식학습은 또 '학습의 표준 패러다임[standard paradigm of learning]'으로도 정의되는데, 여기에는 현장 밖에서 진행되는 교육훈련 프로그램 및 대학에서의 교육과정 등이 포함된다[Fuller, et al., 2003]. 이 관점에서 학습은 프로그램에 참여하거나 다양한 활동에 참여함으로써 얻어지는 결과라고 가정하고 있다. 따라서 습득 또는 성취로서의 학습에 대한 관점은 개인의 지식 및 스킬의 향상에 관심을 두기 때문에 형식적인 교육훈련에 소요된 시간이나 자격 취득 등에 가치를 둔다[Fuller, et al., 2003].

그리고 습득 또는 성취로서의 학습은 행동주의 및 인지주의와 같은 전통적인 관점에 기초하고 있다[Beckett & Hager, 2002]. 행동주의적 관점에서 학습은 Thorndike와 Woodworth에 의해 제안된 자극에 대한 반응의 결과로 본다. 인지적 관점은 개인이 자신의 경험을 느낄 때 정신적 활동에 초점을 두고 있어서[Fuller, et al., 2003] '교수[instruction]'는 개인의 사고에 의해 매개되거나 수정된다고[Clark & Voogel, 1985] 설명한다.

(2) 참여 메타포로서 새로운 학습 패러다임인 무형식학습

무형식학습은 '참여로서의 학습learning as participation' 또는 '과정으로서의 학습learning as process' Sfard, 1998의 이론적 관점에 기초하고 있다. 이 관점은 일터에서 시행되는 활동을 강조하고 있고, 사람들이 일터에서 어떻게 배우고 그들의 학습이 개인 및 조직의 성과와 어떻게 연결되는지 이해할 수 있는 단초를 제공한다. 참여 또는 과정으로서의 학습에 대한 관점은 다양하고 지속적인 학습 환경에 개인의 참여를 강조하고 있다Fuller et al., 2003.

참여를 통한 학습에 대한 관점은 '학습의 새로운 패러다임'으로 볼 수 있다. Beckett와 Hager2002는 학습에 대한 새로운 관점이 기존의 학습에 대한 관점보다 사람들이 일터에서 타인들과 어떻게 교류하고 학습하는지를 이해하는 데 보다 적합하다고 주장하였다. 따라서 이러한 패러다임은 통합적이고 맥락적이며 활동 및 경험에 기반하여 협동적인 특징을 가지고 있다.

참여 또는 과정으로서의 학습에 대한 관점은 습득이나 성취로서의 학습 메타포와 비교할 때 몇 가지 사항을 강조하고 있다. 첫째, 참여로서의 학습에 대한 관점은 일터 자체를 학습을 위한 중요한 장소로서 보고 있고 이를 정당화하고 있다Fuller & Unwin, 2004. 둘째, 참여로서의 학습에 대한 관점은 학습을 사회적 실행의 관계에 내재된 과정으로 보고 있다. 이는 학습의 사회적 이론 또는 학습을 사회적 실행의 중요한 부분으로 간주하는 상황적 학습 관점에 기초하고 있다. 상황적 학습 이론situated learning theory은 학습이 일터와 같은 사회적 맥락에 내재해 있고 개인은 자신이 일하는 장소에서 지식과 스킬을 배울 수 있다고 설명하고 있다Lave & Wenger, 1991. 이처럼 Lave와 Wenger1991는 사회적 실행에서의 참여를 학습으로 보았다.

그리고 참여적 메타포는 학습을 재생산 활동이 아닌 혁신적 활동으로 보고, 일터에서의 학습은 새로운 활동의 방식, 새로운 실행, 새로운 절차,

새로운 상품을 창출한다고 보았다. 이와 관련하여 Paavola 등[2004]은 학습의 메타포로 '지식 창출[knowledge creation]'을 제시하였다. 이러한 관점에서 학습은 새로운 지식의 창출로 정의되고, 참여를 통한 지식 창출 메타포는 사람을 기존의 프랙티스로 사회화시키는 것이 아니라 새로운 프랙티스를 개발하는 것임을 강조하며 학습의 인지적·사회적 측면을 통합한다고 본다. 또한 Slotte, Tynjälä, Hytönen[2004]은 참여를 통한 무형식학습은 매일의 업무 절차 및 활동의 일부로서 일어나고 주로 내재적이고 암묵적 지식을 창출하는 반면, 형식학습은 조직화된 훈련 및 학습 활동의 상황에서 일어나고 명시적인 형태의 지식과 스킬을 창출한다고 하였다.

03 Workplace Learning의 관점 및 유형에 대한 쟁점

Workplace Learning의 관점 및 유형은 형식학습 및 무형식학습으로 구분되며, 이 두 가지 유형의 학습은 다른 개념으로 구분되고 있다[Malcolm, Hodkinson, & Colley, 2003]. Workplace Learning을 형식학습과 무형식학습으로 이분법적으로 구분하는 것은 쟁점으로 제기되며, 이러한 쟁점을 살펴볼 필요가 있다.

여러 학자들[Enos, Kehrhahn, & Bell, 2003; Malcolm, Hodkinson, & Colley, 2003]은 두 가지 유형을 극단적으로 구분하여 특정한 형태의 학습이 다른 형태의 학습보다 우월하다고 논의하는 의미가 없다고 지적하고 있다. 교육훈련 프로그램과 같은 형식학습의 과대평가는 학습의 효과를 높일 수 있는 무형식 학습 기회를 놓치게 되고, 무형식학습을 지나치게 강조하는 것은 지식과 스킬을 지원할 수 있는 형식학습의 유용성을 간과하게 된다는 것이다.

Billett[2004]는 학습 환경을 '무형식적' 또는 '형식적'으로 묘사하는 것은 학습이 일어나는 환경과 개인의 변화를 결정적 관계로 가정하고 있으므로 일터를 학습 환경으로 묘사할 때는 '형식적'이거나 '무형식적'이라는 용어를 사용하지 말아야 한다고 주장하였다. 그는 경험으로부터의 학습에 대한 해석에서 인간의 역할은 중요하며, 가장 구조화된 학습 경험일지라도 개인은 학습을 경험할 수 있다고 하였다.

그리고 Slotte 등[2004]은 무형식학습을 지나치게 강조하는 것은 적절하지 않다고 주장하면서 이러한 이유로 세 가지를 제시하였다. 첫째, 무형식학습은 주로 의식적인 노력 없이 발생하고 암묵적 지식을 창출하기 때문에 때로는 바람직하지 않은 결과를 초래하기도 한다. 암묵적 지식의 결과가 모두 긍정적이지는 않으며, 암묵적 지식이 조직의 목표에 부합되지 않는 나쁜 습관과 역기능적인 결과를 초래할 수도 있다. 둘째, 오늘날 업무 현장에서 새로운 지식은 너무나 빠른 속도로 생겨나고 있어서 무형식학습을 통해서만 새로운 지식을 따라가기에는 한계가 있다. 셋째, 형식학습과 계획적인 학습 환경은 무형식학습을 효과적으로 활용하는 것을 가능하게 해 주고, 암묵지를 형식지로 변환시키며, 개념적 지식을 전문성 개발의 근본적이 되는 실무적 경험과 통합하는 것을 가능하게 해 준다.

실제로 일터에서의 학습을 보면, 학습은 형식학습과 무형식학습의 다이내믹한 상호작용을 통해 일어나기 때문에 형식학습과 무형식학습을 서로 연결함으로써 극대화될 수 있다[Leslie, Aring, & Brand, 1997; Malcolm, Hodkinson, & Colley, 2003; Shipton, Dawson, West, & Patterson, 2002; Svensson, Ellström, & Åberg, 2004; Van der Heijden et al., 2009; Yoo, 2002]. 그리고 형식 또는 무형식학습은 다른 형태의 학습을 촉진할 수 있다[Leslie, et al., 1997; Yoo, 2002]. 이러한 두 가지 유형의 학습의 상호관련성 측면에서 Malcom 등[2003]은 형식성[formality]과 무형식성[informality]은 모든 학습 환경에서 존재하는 특징이므로 이러한 특징을 중심으로 학습을 바라보는 것이 더욱 적절하다고 주장하였다.

04 Workplace Learning의 개념적 모형[2]

앞의 3절에서는 일터학습의 관점 및 유형을 크게 형식학습 및 무형식학습으로 구분하는 것에 대한 주요 쟁점을 논의하였다. 일터학습은 학자에 따라 그 정의와 유형이 다양하게 제시되고 있어 일터학습을 보다 거시적인 차원에서 통합적으로 개념화할 수 있는 틀[framework]의 개발이 필요하다. Marsick[2009]도 무형식학습을 형식학습과 다르게 정의하는 것은 개념적으로 명확하게 정의하는 데 도움이 되지만 현장에서 무형식학습과 형식학습은 밀접하게 연관되어 있으므로 이 두 가지 유형의 학습을 통합하는 프레임워크가 필요함을 강조하였다.

이러한 필요성에 근거하여 Jacobs와 Park[2009]은 일터학습을 "현재 및 미래의 업무 수행에 필요한 직무능력을 습득하기 위하여 훈련 프로그램, 교육 및 개발 과정, 다양한 유형의 경험학습 활동에 참여할 때 개인이 활용 가능한 과정"으로 정의하였다. 그리고 일터학습은 학습장소[현장 외, 현장 내], 계획의 정도[체계적, 비체계적], 훈련자[trainer] 또는 지원자/조력자[facilitator]의 역할[수동적, 능동적] 기준에 따라 여러 조합이 가능한 다양한 형태의 일터학습이 도출될 수 있다고 하였다[<표 2> 참조].

표 2 일터학습 개념화를 위한 세 가지 기준

기 준	구 분	정 의
학습장소	현장 외 (off the job)	학습은 실제 업무환경으로부터 떨어진 곳에서 일어남.
	현장 내 (on the job)	학습은 실제 업무환경에서 이루어짐.

2 이 절은 Jacobs & Park(2009)의 논문을 요약정리한 것임.

계획의 정도	체계적	시스템 접근법(systems approach)이 적용됨.
	비체계적	시스템 접근법(systems approach)이 적용되지 않음.
훈련자/ 지원자 역할	적극적	훈련자/지원자가 학습과정에서 직접적인 역할을 함.
	수동적	훈련자/지원자가 학습과정에서 제한적 역할을 수행함.

출처: Jacobs & Park(2009), A proposed conceptual framework of workplace learning, p. 143.

학습장소는 학습이 실제 업무환경으로부터 떨어진 곳에서 일어나는 '현장 외'와 실제 업무환경에서 학습이 이루어지는 '현장 내'로 구분되고, 계획의 정도는 시스템 접근법systems approach이 적용되는 '체계적' 계획과 그렇지 않은 '비체계적' 계획으로 분류된다. 여기서 '시스템 접근법'이 적용된다는 의미는 일터학습이 체계적으로 개발되고 실행되어야 함을 나타낸다Jacobs, 2003. 즉, 시스템 접근법은 크게 투입input, 과정process, 결과output로 구성되는데, 이를 학습 과정과 연계할 때 '학습을 위한 투입learning inputs'은 관련되는 사람, 학습장소, 학습할 업무에 대한 정보, 학습 기자재 등이고, '학습 과정learning process'은 학습자에게 학습내용을 전달하는 것이며, '학습 결과learning outputs'는 학습 투입과 학습 과정을 결합한 결과물로 나타나는 것이다. 마지막으로 훈련자trainer 또는 지원자/조력자facilitator의 역할은 학습 과정에서의 개입 정도에 따라, 직접적인 역할을 수행하는 '적극적'인 형태와 학습 과정에 제한적 역할을 행사하는 '수동적'인 형태로 구분할 수 있다.

이와 같은 세 가지 기준에 근거하여 Jacobs와 Park2009은 일터학습의 개념적 모형을 [그림 1]과 같이 제시하였다.

그림 1 Workplace Learning의 개념적 모형

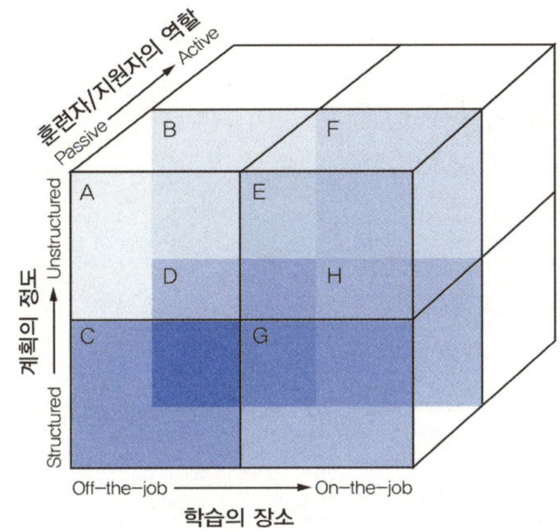

출처: Jacobs & Park(2009), A proposed conceptual framework of workplace learning, p. 146.

일터학습의 개념화를 위한 세 가지 기준(학습장소, 계획의 정도, 훈련자 또는 지원자의 역할)을 조합하면 <표 3>과 같이 8가지의 cell이 도출되며 각 cell별로 일터학습 유형이 구성된다(Jacobs & Park, 2009). D셀의 경우는 현장 외 학습, 체계적 계획, 훈련자/지원의 적극적 역할로 구성된다. 이 경우 일터학습은 시스템적 접근법을 활용하여 훈련자/지원자의 적극적인 참여를 통해 현장에서 떨어진 곳에서 이루어지게 되며, 해당되는 일터학습의 예에는 웹기반 훈련과 교실형태의 집체훈련이 포함된다. 또한 E셀은 업무 현장에서 비구조화된 계획으로 훈련자/지원자의 수동적 역할로 이루어지는 일터학습의 유형으로서 캐쥬얼 코칭(casual coaching), 비정기적인 멘토링(ad hoc mentoring), 실행하며 배우기(learning by doing) 등이 해당된다.

표 3 Workplace Learning에서 각 Cell의 내용 및 예시

Cell	내 용	예 시
A	• 현장 외/비체계적/수동적 • 학습은 시스템 접근법의 사용 없이 훈련자/지원자의 개입 없이 업무 현장과 떨어진 곳에서 일어남	연수, 유급 교육훈련
B	• 현장 외/비체계적/적극적 • 학습은 시스템 접근법을 사용하지 않고 훈련자/지원자의 직접적인 개입을 통해 업무 현장과 떨어진 곳에서 일어남	–
C	• 현장 외/체계적/수동적 • 시스템 접근법을 활용하되 훈련자/지원자의 최소한의 개입으로 업무 현장과 떨어진 곳에서 학습이 일어남	자기주도학습
D	• 현장 외/체계적/적극적 • 시스템 접근법의 활용과 훈련자/지원자의 적극적인 개입을 통해 업무 현장과 떨어진 곳에서 학습이 일어남	집체형 교실 형태의 훈련, 웹기반 훈련, 사내 대학
E	• 현장 내/비체계적/수동적 • 학습은 시스템 접근법의 활용 및 훈련자/지원자의 개입 없이 업무 현장에서 일어남	캐주얼 코칭(Casual coaching), 비정기적 멘토링(Ad hoc mentoring), 잡 섀도잉(Job shadowing), 실행하며 배우기(Learning by doing) 실천공동체(Communities of practice), 반성 또는 성찰(Reflection-in-action)
F	• 현장 내/비체계적/적극적 • 학습은 시스템 접근법을 활용하지 않지만 훈련자/지원자의 개입을 통해 업무 현장에서 일어남	비체계적인 OJT(Unstructured OJT)
G	• 현장 내/체계적/수동적 • 시스템 접근법을 활용하되 훈련자/지원자의	액션러닝(Action learning)

	최소한의 개입을 통해 업무 현장에서 학습이 일어남	
H	• 현장 내/체계적/적극적 • 시스템 접근법을 활용하면서 훈련자/지원자의 적극적인 개입을 통해 업무 현장에서 학습이 이루어짐	체계적인 현장훈련(Structured on-the-job training), 공식적 멘토링(Formal mentoring), 공식적 코칭(Formal coaching)

출처: Jacobs & Park(2009), A proposed conceptual framework of workplace learning, p. 144.

여기서 제시한 일터학습의 개념적 모형은 형식학습과 무형식학습의 이분법적 구분으로 이해되고 있는 일터학습에 대한 관점 및 유형의 쟁점에 대응하기 위하여 제안되었다. 일터학습의 개념적 모형은 조직에서 이루어지는 다양한 학습의 형태를 보다 포괄적이고 통합적으로 제시할 수 있다. 조직에서는 이러한 일터학습의 개념적 모형을 통해 조직 구성원들의 역량 개발에 적절한 형태의 일터학습 활동을 선정하여 활용할 수 있다.

참고문헌

Beckett, D., & Hager, P. (2002). *Life, work and learning: Practice in postmodernity.* London: Routledge.

Billett, S. (2001). *Learning in the workplace: strategies for effective practice.* Australia: Allen & Unwin.

Billett, S. (2004). Workplace participatory practices: conceptualising workplaces as learning environments. *The Journal of Workplace Learning,* 16(6), 312-324.

Clark, R. E., & Voogel, A. (1985). Transfer of training principles for instructional design. Educational Communication and Technology. *A Journal of Theory, Research, and Development,* 33(2), 113-123.

Clarke, N. (2005). Workplace learning environment and its relationship with learning outcomes in healthcare organizations. *Human Resource Development International,* 8(2), 185-205.

Colley, H., Hodkinson. P., & Malcom, J. (2003). *Informality and formality in learning: A report for the Learning and Skills Research Center.* Learning and Skills Research Center.

Elkjaer, B. and Wahlgren, B. (2006). Organizational learning and workplace learning-similarities and differences. In E. Antonacopoulou, P. Jarvis, V. Anderse, B. Elkjaer, & S. Høyrup. (Eds.), *Learning, working and living: mapping the terrain of working life learning* (pp. 15-32). New York: Palgrave Macmillan.

Enos, M. D., Kehrhahn, M. T., & Bell, A. (2003). Informal Learning and the transfer of learning: How managers develop proficiency. *Human*

Resource Development Quarterly, 14(4), 369−387.

Fuller, A. & Unwin, L. (2004). Expansive learning environments: integrating organizational and personal development. In H. Rainbird, A., Fuller, and A. Munro (Eds.) *Workplace learning in context* (pp. 126−144). London: Routledge.

Fuller, A., Ashton, D., Felstead, A., Unwin, L., Walters, S., & Quinn, M. (2003). *The impact of informal learning at work on business productivity.* The center for labor market studies: University of Leicester.

Hager, P. (2004). The conceptualization and measurement of learning at work. In H. Rainbird, A., Fuller, & A. Munro (Eds.), *Workplace learning in context* (pp. 242−258). London: Routledge.

Illeris, K. (2003). Workplace learning and learning theory. *Journal of Workplace Learning,* 15(4), 167−178.

Jacobs, R. L. (2003). *Structured on−the−job training: unleashing employee expertise in the workplace.* San Francisco: Berrett−Koehler Publishers, Inc.

Jacobs, R. L., & Park, Y. (2009). A proposed conceptual framework of workplace learning: Implications for theory development and research in Human resource development. *Human Resource Development Review,* 8(2), 133−150.

Lave, J., & Wenger, E. (1991). *Situated learning: Legitimate peripheral participation.* Cambridge: Cambridge University Press.

Leslie, B., Aring, M. K., & Brand, B. (1997). Informal Learning: The New Frontier of Employee & Organizational Development, *Economic Development Review,* 15(4), 12−18.

Malcolm, J., Hodkinson, P., & Colley, H. (2003). The interrelationships between informal and formal learning. *Journal of Workplace Learning,* 15(7/8), 313−318.

Marsick, V. J. (2009). Toward a unifying framework to support informal learning theory, research and practice. *Journal of workplace Learning,*

21(4), 265–275.

Paavola, S., Lipponen, L., & Hakkarainen, K. (2004). Models of innovative knowledge communities and three metaphors of learning. *Review of Education Research,* 74(4), 557–576.

Sambrook, S. (2005). Factors influencing the context and process of work–related learning: synthesizing findings from two research projects. *Human Resource Development International,* 8(1), 101–119.

Sfard, A. (1998). On two metaphors for learning and dangers of choosing just one. *Educational Researcher,* 27, 4–13.

Shipton, H., Dawson, J., West, M., & Patterson, M. (2002). Learning in manufacturing organizations: What factors predict effectiveness? *Human Resource Development International,* 5(1), 55–72.

Slotte, V., Tynjälä, P., & Hytönen, T. (2004). How do HRD practitioners describe learning at work? *Human Resource Development International,* 7(4), 481–499.

Svensson, L., Ellström, P., Åberg, C. (2004). Integrating formal and informal learning at work. *Journal of Workplace Learning,* 16(8), 479–491.

Tynjälä, P., (2008). Perspectives into learning at the workplace. *Educational Research Review,* 3, 130–154.

Van der Heijden, B., Boon, J., Van der Klink, M., & Meijs, E. (2009). Employability enhancement through formal and informal learning: an empirical study among Dutch non–academic university staff members. *International Journal of Training and Development,* 13(1), 19–37.

Watkins, K., & Marsick, V. (1992). Toward a theory of informal and incidental learning in organizations. *International Journal of Lifelong Learning,* 11(4), 287–300.

Yoo, C. (2002). *Formal and informal learning contributing to role performance of administrative directors at Texas A&M University.* TX: Texas A&M University. Doctoral Dissertation.

03

WORKPLACE LEARNING

WORKPLACE LEARNING의 쟁점: 무형식학습과 전문가 교육

전정호[1]

SUMMARY

본 연구는 경험적 지식론의 전통에 있는 무형식학습 이론과 Schön의 이론을 재검토하면서 구성주의적 인식론이 무형식학습 이론에 주는 시사점을 제시하는 것을 목적으로 하였다. 일터학습 중 개인의 역량에 훨씬 큰 영향을 미치는 무형식학습에 대한 선행연구들을 검토한 후에 Schön의 전문가 교육론의 핵심 이론인 행동지와 행위 속의 반성, 도제식 실습 등을 검토하였다. 검토한 결과 두 이론과의 유사점은 다음과 같다. 무형식학습 이론과 Schön의 이론 모두 지식의 암묵적 성격을 부각시켰으며 학습자의 자기 주도성을 강조하였다. 둘째, 일상적인 해결책이 작동하지 않는 상황에서 무형식학습 또는 행위 속의 반성이 활성화된다는 점을 밝혔으며 학습을 개인적인 과정으로 보기보다는 상사와 부하직원 간에 발생하는 사회적 과정으로 개념화하였다. 한편, 무형식학습 이론은 현장 자체에서 일어나는 학습인 데 반해서, 전문가 교육은 현장을 닮은 가상의 공간인 실습에서 발생한다는 점에서 차이가 있다. 둘째, 무형식학습 이론은 일반적인 직장인을 대상으로 하고 있지만 Schön의 교육론은 더 많은 자기개발이 요구되는 특정 전문직을 대상으로 하였다. 셋째, 무형식학습 이론은 학습을 일회적으로 본다는 점에서 사회적 학습이론에 가깝지만 전문가의 인식은 끊임없이 재구성되기 때문에 구성주의적 인식론에 기반하고 있다고 볼 수 있다. 연구자는 Schön의 이론을 통해서 무형식학습이 탐구해야 할 미래의 영역인 전문가 인적자원개발과 경력개발에 대한 시사점을 모색하려고 하였다.

1 제1저자, 단국대학교 경영학과 조교수(edjohn90@dankook.ac.kr).

KEY WORD 일터학습, 무형식학습, 행동지, 행위 속의 반성, 교육적 실습, 멘토링

01 서론

HRD 분야에서 일터학습에 대한 연구가 급증하고 있다. 일터학습의 유형은 크게 형식학습과 무형식학습으로 구분되는데 전자는 경영자가 주도하는 구조적이며, 집체적으로 이루어지는 교육/훈련이며, 후자는 학습자가 주도하며 타인과의 상호작용 속에서 일어나는 비구조적이고 경험적으로 이루어지는 학습을 의미한다. 그런데, 기업에서 일어나는 학습의 상당한 부분이 비구조적이고 경험적인 무형식학습을 통해 발생되고 있기 때문에, 최근에는 형식학습에 관한 연구들보다도 무형식학습에 대한 연구들이 늘어나고 있다. 연구에 의하면 근로자는 자신의 직무관련 지식의 70% 이상을 무형식학습을 통해서 습득하며 공식적인 교육훈련을 통해서 습득하는 지식의 양과 질은 10%에 불과할 정도이다[박선민, 박지혜, 2012]. 일터학습에서 공식적인 교육훈련으로 대표되는 형식학습이 인적자원개발에 미치는 효과성이 미미하다면, 우리는 무형식학습이라는 블루 오션의 구조에 대해서 더 많은 연구를 할 필요성이 있다.

무형식학습을 처음으로 제안한 Marsick과 Watkins[1992]는 우리가 직무에 대해서 가지고 있는 지식의 성격이 본질적으로 언어로 대표될 수 없는 암묵적인 성격의 지식이라고 주장하였다. 근로자는 오로지 자기 자신의 경험과 타인과의 상호작용을 통해서, 직무에 대한 경험적인 지식을 축적해 나갈 수 있다. 무형식학습은 본질적으로 무계획적이며, 적시에 이루어지

며, 비구조적이며, 상황에 의존하며, 타인과의 상호작용을 포함한다.

한편, 효과적인 전문가 교육을 위해서 고민하고 연구한 Schön도 형식적인 대학교육 과정을 기술적 합리성technical rationality이라는 이름으로 비판하였다는 점에서 공식적 교육훈련의 비효과성을 주장하는 무형식학습론자들과 맥락적으로 유사하다. Schön에 의하면, 대학에서 가르치는 이론적 언어theory는 다양한 변수로 가득 찬 대상세계practice의 문제를 다룰 수가 없기 때문에, 이론 위주의 전문가 교육은 대상세계를 다룰 수 있는 역량 위주의 전문가 교육으로 전환되어야 한다고 주장하였기 때문이다(전정호, 2001).

Marsick과 Watkins는 기업에서 일어나는 무형식학습을 다루고 있고 Schön(1987)은 무형식학습의 멘토링 또는 코칭과 유사하지만 실습형태의 1:1 전문가 교육이라는 서로 다른 영역들을 다루고 있기는 하지만, 공통적으로, 그들이 추구하는 지식은 암묵적이고 경험적이며 발생적인 특성을 가지고 있다는 점에서 유사하다. 한편, 그들은 이론적 언어로 환원될 수 없는 경험을 체험하게 만드는 무형식학습informal learning 또는 실습practicum의 중요성을 주장한다는 점에서도 유사하다. 그리고 지식의 소유권이 경험 당사자에게 있으며, 당사자는 관련 경험을 주도한다는 점에서도 유사하다. 그러나 Schön(1983)은 개인적 지식의 구조가 경험과 스승과의 상호작용을 통해서 상향적으로 변화되는 과정에 대해서 초점을 맞추고 있지만 스승을 제외한 타인들과의 상호작용이나 다양한 일상적 경험에 대해서는 주목하지 않고 있으며, Watkins와 Marsick(2001) 역시, 무형식학습의 구조와 요소, 종류에 대해서는 설명하고 있지만 그 지식이 어떻게 변화하고 확장되는가에 대해서는 주목하고 있지 않다. 따라서 이 논문에서는 무형식학습 이론과 Schön의 도제식 학습 이론을 각각 설명한 후에, Schön이 제시한 교육적 실습의 개념을 통해서 무형식학습론의 영역을 확장하거나 변화시킬 수 있는 시사점을 모색하고자 한다.[2]

---

2 이 논문 중 Schön의 이론에 관한 2절과 3절의 내용은 저자의 기존 논문(2001)의 내용을 요약하면서 무형식학습론과 결부하여 재해석한 것임을 밝혀 둔다.

02 무형식학습: 경험과 상호작용

무형식학습은 제도적인 형태로 지원되는 구조화된 형식학습과 대비되는 개념으로서, 일터에서의 우연적 형태의 학습을 포괄하며 학습에 대한 통제권이 학습자에게 맡겨진 경험 기반 학습이다 Marsick & Watkins, 1990. 기업 현장에서 무형식학습은 업무와 관련된 학습이나 일을 통한 현장 학습을 의미하며, 일과 학습이 분리되지 않은 상태의 학습을 의미한다 이성엽, 2009. 무형식학습에는 학습자의 역량과 경쟁심, 자기효능감과 주도성, 학습동기 등이 영향을 미치는 요인들로 밝혀졌다 문세연, 나승일, 2011; 박혜선, 이찬, 2012.

회사의 관리자들이 획득한 리더십 핵심기술 중 70%를 무형식학습을 통해서 획득하였으며, 무형식학습에 속하는 기술의 63%는 타인과의 상호작용으로 12%는 타인을 관찰함을 통해서 획득하였다고 한다 Enos, Kehrhahn, Bell, 2003. 기업에서 개인의 역량을 향상시키는 데에는 공식적인 교육 훈련보다는 무형식학습의 역할이 더 크고, 무형식학습에서는 자신의 직무 경험과 그에 대한 성찰보다는 타인과의 상호작용이나 관찰을 통한 학습이 훨씬 높은 비중을 차지한다는 점에서 무형식학습은 사회적 과정이며 대인관계의 영향이 크다고 볼 수 있다 신은경, 2012.

무형식학습은 타인을 관찰하거나 대화를 통해 상호작용하면서 이루어지거나, 자기 자신의 경험이나 시행착오에 대해서 반성적으로 성찰하면서 이루어진다 문세연, 나승일, 2011. 무형식학습은 주로 상사와의 대화나 동료와의 토론, 현장 방문, 고객과의 접촉, 회의 참가 등 다수의 상대방과 질문과 대화를 통해서 이루어지기 때문에 조직 구성원과의 일상적인 상호작용은 무형식학습의 가장 중요한 방법으로 알려져 있다 Boud & Middleton, 2003. 한편, 무형식학습 중 타인에 대한 관찰이 높은 비중을 차지하는데,

상사 혹은 동료직원이 직무를 어떻게 수행하는가를 관찰하는 것은 신입직원들이 자신의 업무에 필요한 내용들을 선택적으로 배울 수 있는 가장 중요한 방법 중 하나이기 때문이다Lynch & Black, 1998. 무형식학습은 학습자의 경험과 성찰을 동반하며 근로자가 업무활동을 수행하면서 자신이 체험하여 발견한 새로운 정보나 시행착오 등을 성찰하고 내재화한다. 무형식학습의 또 하나의 특징은 학습의 통제권이 조직이 아니라 개인에게 있다는 것인데, 무형식학습은 개인의 업무활동에서 나타나는 학습기회로 볼 수 있고Ellinger, 2005, 학습자의 주도성과 자율성을 바탕으로 일상생활, 일터, 일 자체의 경험에 대한 의식적인 성찰과 탐구과정이라고 볼 수 있다배을규, 김대영, 2008.

무형식학습은 타인과의 대화, 질문, 관찰, 모방 등 상호작용을 통하여 이루어진다는 점에서 타인과의 관계가 중요한 결정적 변인으로 작용한다문세연, 나승일, 2011. 무형식학습은 개인적인 활동보다 타인과의 상호작용을 통해 더 빈번히 일어나기 때문에 풍요로운 대인관계가 무형식학습의 기회를 강화할 수 있다. 따라서 여러 질적 사례연구이윤하, 이기성, 2010; 이성엽, 2009; 진성미, 2002; Choi, 2009를 통해 다른 사람과 맺는 긍정적 관계가 무형식학습에 도움이 된다고 보고되었다Marsick, & Volpe, 1999. 일터에서 신입사원들은 옆자리에 있는 동료나 상사를 관찰하거나 대화를 통해서 많은 문제들을 해결하는 방법을 익히기 때문에, 사회성이 높은 직원들이 사회성이 낮은 직원들보다 더 많은 것을 배울 수 있는 기회를 포착하는 것도 당연하다. 무형식학습에 영향을 미치는 대인관계 요인은 크게 사회적 네트워크와 피드백으로 나눌 수 있다박혜선, 이찬, 2012. 타인과 접촉할 기회가 많거나 조직 내 학습을 위한 관계망이 있는 경우 무형식학습이 촉진되었으며, 동료 간 업무에 관한 피드백이나 상사로부터 받는 업무에 대한 정보나 피드백도 무형식학습을 촉진할 수 있다. 무형식학습에는 조직의 맥락적 요인도 중요한 영향을 미치는데 리더의 학습지원이나 권한위임, 조직의 학습문화, 조직구조 등도 개인의 무형식학습을 촉진하거나 저해할 수 있는 요인으로 작용할 수 있다(박혜선, 이찬, 2012).

한편, 이성엽(2009)은 자신에게 주어진 어려운 상황도 무형식학습을 촉진할 수 있다고 주장하였는데, 가령, 선례가 없는 선구적인 업무를 담당하거나 벅차게 느껴지는 과도한 업무를 담당할 때 당사자들의 업무 스트레스도 증가하지만 업무를 해결하기 위한 무형식학습도 동반되어 증가하였다. 여러 응답자들은 일이 벅차다고 느끼는 상황에서 가장 많은 것을 배우고 익힐 수 있었다고 한다. 학습자의 일상적인 해결책이 더 이상 통하지 않는 새로운 상황에서 자신이 가진 전제나 지식들을 새롭게 성찰하게 됨으로써 학습이 한층 더 성숙해질 수 있는 기회를 얻게 된 것이라고 볼 수 있다(Marsick & Watkins, 1990).

03 행동지와 행위 속의 반성

Schön의 전문가 교육은 무형식학습의 범주에 의하면, 전문가를 양성하기 위한 도제식 교육 또는 멘토링, 코칭에 해당한다. 그러나 무형식학습론에서 지식은 학습자의 관찰이나 상호작용에 의해 내재화되는 외부의 것으로 접근하는 데에 비해서, 전문가 교육론에서 지식은 구성주의적 관점에서 정의된다. 구성주의적 관점에서 지식은 타인의 것을 내재화한다기 보다는 자신의 인식 틀을 끊임없이 변화하게 만드는 것으로 본다는 점에서 차이가 있다.

Schön(D.A. Schön)에 의하면, 전문가가 되기 위한 경험적 지식을 쌓기 이전에 이론을 먼저 배우거나 따로 배울 필요는 없다. 교과서를 통해서 배우는 이론은 현장(field)에서 적용되기 어렵기 때문이다. 현장의 상황은 여러 가지 변수가 어우러져 동태적으로 변화하기 때문에 불확실하고 안정적이지 않다. 따라서, 너무나 많은 시간과 노력이 학습에 투여되어 현장에 대한 감각을 학습하지 못하는 현실은 바람직하지 않다.

Schön은 전문가가 현장에서 요구하는 상황에 대한 판단력을 발휘할 수 있게 하기 위해서는, 이론 자체보다는 현장에 대한 기예artistry를 익힐 것을 주장한다. 그러나 기예는 이론의 반대 개념이 아니라 이론과 행위가 얽혀져 있는 개념이다. 가령, 변호사가 변론을 할 때나, 의사가 수술을 할 때, 이들의 행위 속에는 개인화된 이론이 녹아들어 있다. 그들의 행위 속에는 다년간의 수련을 통해서 획득한 그들 나름의 이론과 상황에 대한 판단이 녹아들어 있다. Schön은 전문가의 기예적 지식을 '행동지knowing-in-action'라고 지칭한다. 그런데, 행동지는 개인적 경험이 축적되면서 동태적으로 변화하기 때문에 '행위 속의 반성reflection-in-action'이라는 말로 지칭되기도 하지만 의미에는 차이가 있다.

행동지가 정형화된 문제 상황에서 반복적 수행으로 인해서 자동화된 습관적 기예라고 한다면, 행위 속의 반성은 문제가 잘 안 풀리는 상황에서 전문가로서 의식적인 고민과 반성을 통해서 이전의 행동지를 넘어서서 한층 성숙한 행동지에 도달한 것을 의미한다. 문제없이 작동하던 행동지가 새로운 상황에서 문제에 봉착하게 될 때, 비로소 반성의 계기가 마련된다. 우리는 문제가 해결되지 않는 당황스러운 경험을 통해서 우리의 행동지를 의식의 표면으로 끌어올린다. 이 상황을 Schön은 '행위 속의 반성'이라고 부르는데, 문제 상황에서 전문가는 낯선 '상황'에 대해서 당황하면서 고민하는 것처럼 보이지만 결국은 그 상황과 맞물려 있는 자신의 인식 틀에 대해서 의식적으로 반성하게 된다.

그러나 새로운 것을 모색한다고 해서 전문가가 자신의 행동지를 버리고 외부의 낯선 지식을 도입할 수는 없다. 전문가는 기존의 자신의 행동지에 입각하여 현장실험을 수행하게 된다. 현장실험on-the-spot experiment이란 불확실하고 독특한 상황에서 상황의 변화를 주시하면서, 기존의 인식 틀의 효과성을 실험하면서 수정해 나가는 과정이다. 이와 같은 종류의 현장실험은 상황적 변수에 노출되어 있기 때문에 변수가 통제된 실험실의 실험과는 같지 않다. 실험하는 주체와 상황은 불가분의 관계에 있기 때문이다. 상황은 실험자의 행위에 의해서 변화된다. 실험실의 실험이 가설을 이해하기 위한 실험이라면 현장실험은 상황에 대한 이해보다는 상황의 변화를 통한 문제해결에 초점이 놓인 실험이기 때문이다. 따라서 전문가는 상황의 변화에 대해서 민감하게 주의를 기울이면서 '반성적 대화'를 나누어야 한다. 전문가는 상황에 민감히 반응하면서 상황이 주는 피드백에 기반해서 자신의 문제설정을 수정해 나가야 한다. 조직학습의 대가인 Schön과 아지리스의 용어를 빌려 이해하자면, 행동지는 자동적으로 이루어진다는 점에서 단순 고리 학습[single-loop learning]과 유사하고, 행위 속의 반성은 문제설정에 대한 반성적 성찰을 동반한다는 점에서 이중 고리 학습[double-loop learning]과 유사하다고 할 수 있다. 그런데, 이와 같은 능력은 교실의 이론 강의를 통해서 전달될 수는 없으며 자기주도적인 반성과 실천을 통해서만이 획득될 수 있다. 실천적 지식은 암묵적이며 행위를 통해서야 비로소 드러나기 때문이다. 따라서 전문가에게는 이론서가 필요한 것이 아니라 스스로 판단하고, 행위를 통해서 자신의 판단을 시험해 볼 상황적 맥락이 요구된다. 변호사에게는 사건이 필요하고, 의사에게는 수술대에 놓인 환자가, 투수에게는 그라운드와 타자가 요구된다. 전문가는 교실에서 단련되지 않고, 자신의 고유한 대상과 어우러지는 활동을 통해서 단련되기 때문이다.

Schön의 행동지는 훗설의 현상학과 듀이의 철학적 사조인 프래그머티즘을 계승하고 있다. 훗설에 의하면 데카르트의 이원론이 가정했던, 순수한 의식이나 순수한 대상은 존재하지 않는다. 의식은 항상 대상에 대한 의식이고 대상은 항상 의식 속에서 파악된 대상이다[Marx, 1987]. 듀이에게도 인간이란 세계의 본질을 사유할 수 있는 선험적 이성[cogito]을 지니고 있지 않으며, 세계 내 존재로 살아가면서 자신만의 경험을 통해서 세계에 대한 이해를 재구성해 나가는 지능[intelligence]만을 소유한 존재이다. 듀이의 지능은 시간과 공간이라는 현실에 의해서 제약되지만 경험이 축적되면서 계속적으로 재구성된다.

Schön은 이들의 일원론적인 철학적 전통을 전문가 교육에 도입하였다. 행동지도 주체와 대상의 상호작용을 통해서 형성되기 때문에 단일한 객관적 인식이 존재하기보다는, 주체의 수준과 관심에 따라서 다양한 인식이 드러나며 개인의 행동지도 시간과 경험이 누적되면서 종횡으로 변화할 수 있는 주관적 지식이다. 따라서 현실의 문제를 해결하는 데에 있어서 객관적 지식은 없다. 어떤 사안에 대해서 전문가들의 인식틀frame은 일치하기보다는 다양한 학파의 개인들의 의견이 충돌하고 보완하면서 존재한다. Schön에 의하면 어느 사안에 대해 정답은 없으며 어떤 하나의 관점도 완벽할 수 없다. 특히 인식 틀의 갈등이 종적인 수준의 차이가 아니라 관심의 다름type of interest에서 비롯되었을 경우에는 각자의 인식 틀은 충돌하기보다는 서로의 단점을 보완해 주는 역할을 한다. 가령, 외환위기에 경제 관료들은 자신이 속한 학파의 신념에 따라서 재정을 확대하여 민간을 부양하는 정책을 입안할 수도 있고, 반대로 긴축재정을 통해서 재정을 안정화하는 정책을 입안할 수도 있다. 외환위기라는 문제를 극복하기 위한 해결책은 문제를 어떻게 바라보고 규정하는가에 따라서 달라질 수밖에 없는데, 이는 경제 전문가들이 속한 학파와 본인들이 경제계를 바라보는 시각, 다시 말해서 주관적 인식을 반영할 수밖에 없다. 이처럼 전문가의 실천적 인식은 자신만의 스타일을 반영하는데, 자신만의 스타일은 나름의 강점과 약점을 가진다.

이에 비해서 전문가의 행동지에는 인식의 횡적인 관심의 차이horizontal difference뿐만이 아니라 종적인 수준의 차이vertical difference도 존재한다. 가령, 의과대학을 막 졸업한 외과 인턴의 행동지에 비해서, 30년의 경험을 통해서 경지에 오른 숙련된 외과 의사의 행동지가 더 나은 것이라는 점에서는 말할 필요조차 없을 것이다. 전문가들 간의 인식 틀의 충돌이 횡적인 관심의 차이에서 발생하였을 때에는 스타일의 차이로 감수해야겠지만, 종적인 수준의 차이가 인식 틀의 갈등이나 충돌을 야기하였을 경우에는 무엇이 필요한가? Schön은 종적인 수준차로 인한 인식 틀의 갈등을 극복하기 위해서 교육적 '실습practicum'이라는 개념을 제안하고 있다.

04 교육적 실습

도제 교육과 상황적 학습을 연구한 Lave & Wenger[1989]는 학습을 한 개인의 머릿속에서 일어나는 현상이라기보다는 적어도 두 명 이상이 참여하는 상호참여의 과정에서 발생하는 일로 규정한다. 이들은 학습을 도제가 생산과정의 주변에서 중심으로 점점 깊숙이 참여해 가면서 극적으로 변화해 가는 과정으로 보고 있다. 도제는 그들이 학습하는 맥락과 그 맥락이 창출되는 보다 넓은 세계 안에 들어가 그 세계에 종사하고 있는 사람이다. 이러한 종사 없이는 학습도 존재하지 않으며 앎과 삶은 분리 불가능한 상태에 있게 된다.

실천적 인식을 획득하기 위한 도제식 교육의 필수적인 조건으로 Schön이 제시하고 있는 것이 바로 '실습practicum'이다. 실습은 상황을 직접 겪기에는 부족한 초보적인 전문가들을 위해서 숙련자가 만든 가상세계로서 실천practice을 배우기 위해서 만든 세팅이다. 실습은 서로 다른 인식 틀을 가진 스승과 도제가 인식 틀의 갈등을 일으키지 않고, 서로가 서로를 지원하는 교육적 관계를 맺을 때 비로소 성립된다. 스승과 도제 간의 인식 틀 갈등은 관점의 차이에서 비롯되는 학파 간의 갈등과는 달리 수준의 차이에서 비롯되는 것으로서 교육활동을 통해서 해소될 수 있다. 실습으로 대표되는 교육활동은 인식 틀이 다른 두 사람이 만나서 쌍방을 지향하는 활동을 통해서 서로의 인식 틀을 일치시키는 쪽으로 운동하는 것이다.

실습에서 일어나는 '행위 속의 반성'은 도제가 성찰하는 직접적인 대상이 '대상세계' 자체라기보다는 '대상세계'를 보게 해 주는 창인 '스승의 인식 틀'에 있다는 것이다. 실습을 통하여 도제는 자신의 인식 틀을 개선하기 위하여 스승의 인식 틀을 끊임없이 참조한다. 도제는 상황과 맥락에서 드러나는 스승의 말과 행위를 장기간 동안 관찰하고 모방하면서 그것들을 체화하기 위한 연습을 거쳐야 한다. 실습의 중요한 특징은 그 활동이 교육의 소재인 상황과 함께 서로의 인식 틀을 지향하는 데에 바쳐진다는 점이다. Schön은 이것을 상호적인 인식 틀의 성찰reciprocal frame reflection이라는 말로 개념화하고 있다. 실습의 과정에서 스승과 도제는 자신의 인식 틀을 성찰해야 할 뿐만이 아니라 도제는 한걸음 더 나아가기 위하여 스승의 인식 틀을 성찰하면서 체화해야 하고 스승도 도제가 자신의 인식 틀을 벗어나도록 돕기 위해서 도제의 인식 틀을 성찰할 수 있어야 한다.

교육의 과정을 '상호적인 인식 틀의 성찰의 여정'으로 파악하는 Schön의 이와 같은 관점은 도제적 실습에 대한 전통적인 관점과는 큰 차이를 보인다. 소위 도제적인 실습은 흔히 스승이 능동적으로 주도하고 도제는 수동적으로 따라하는 일방적인 것으로 인식되었다. 그러나 Schön이 생각하는 실습의 과정을 보면, 스승과 도제 모두 자기주도성을 가지고 교육에 임하고 있다. 교육적 실습은 도제와 스승이 서로의 말과 행위를 통해서 서로의 행위를 자기에 맞게 조율해 가는 과정이다. 이를 가리켜 Wertsch 1985/1987는 교육을 '배우는 자가 이끌고 가르치는 자가 배우는 자의 스텝에 발을 맞추는' 춤에 비유하였다. 이처럼 실습에는 스승과 도제 간의 교육적 관계가 가장 중요한 조건으로 작용한다.

그러나 인적 조건 외에도 실습의 여건도 중요하다. 무엇보다도 실습의 세계는 학문의 세계와 직업의 세계 중간에 위치하는 지대이기 때문에 현실과 같은 정도의 위험과 압력이 존재해서도 안 되겠지만 본질적인 국면을 생략하여 단순화하게 되면 진정한 의미의 학습이 일어날 수 없다. 실습이라는 가상세계의 강점은 실천의 세계에서는 불가피한 제한들을 마음대로 통제할 수가 있다는 것이며 실제 세계에서는 제한되거나 거부되었을 많은 실험이 가능할 수 있기 때문이다. Schön은 스승이 실습을 지휘할 때, 다음을 염두에 두어야 한다고 제안하고 있다.

> 실습practicum은 하나의 실천practice을 배우는 과제를 수행하기 위해서 설계된 장치이다. 실천에 접근하는 하나의 맥락 안에서 학생들은 통상 실천에는 미치지 못하지만 행위함에 의해서 배운다. 그들은 실천과 유사simulate하지만 단순화simplify된 프로젝트를 수행하면서 배운다. 혹은 밀접한 감독close supervision을 받으면서, 실천적인 프로젝트를 맡게 된다. 실습은 그것이 참조하는 실천이 가진 압력, 주의산만, 위험성으로부터 비교적 자유로운 하나의 가상세계이다Schön, 1987, p. 37.

실습을 통해서 도제가 배우는 것은 실제 세계의 규칙과 기술이지만, 실제 세계를 해석하고 대처하는 방법은 전적으로 스승의 인식 틀에 의존하게 된다. 따라서 실습은 객관적인 지식을 전수해 주는 장이 아니다. 실습을 통하여 도제는 스승이 속한 학파professional school만의 독특한 스타일과 노하우를 전수받게 되는 것이다.

05 Schön의 이론과 무형식학습

본 연구의 주요 목적은 전문가 교육론을 연구한 Schön의 이론을 재검토함으로써, 기존의 무형식학습 이론에 대한 이론적/실무적 시사점을 찾는 것이다. 먼저 두 이론의 유사점을 논의한 후에 차이점을 부각하면서 인적자원개발에 주는 시사점을 논의하려 한다.

첫째, 두 이론 모두 이론적 언어 위주의 형식적 학습보다는 지식의 암묵적 성격을 부각시켰다. 무형식학습 이론은 일터에서 근로자가 자신의 업무를 담당하고 익혀가는 과정을 포착한 이론으로서 근로자의 자기 주도적 학습과 더불어 상사나 동료와 같은 타인과의 상호작용을 통한 학습이 강조된다. 도제적 실습으로 대표되는 전문가 교육론도 스승과 제자의 상호작용과 더불어 제자를 스승의 활동에 종속되는 존재로 보지 않고 자신의 학습을 주도하는 존재로 본다는 점에서 자기주도성을 가정한 무형식학습 이론과 유사하다. 또한, 전문가 교육에서도 학습자가 겪는 경험의 성격이 비구조적이고 비계획적이라는 점에서 무형식학습 이론에서 강조하는 적시의 경험 또는 일상적 경험과 유사하다고 할 수 있다.

두 번째, 성장의 원동력으로서 경험에 대한 성찰이 문제적인 상황에서 특수하게 발생한다는 점에 일치하고 있다. 행위 속의 성찰이 기존의 행동지가 통하지 않는 당황스러운 상황에서 발생하는 것과 마찬가지로, 사람들이 평소 일상적으로 통용되던 반응이나 해결책이 더 이상 통하지 않는 새로운 상황에서 자신이 가진 전제나 지식을 성찰함으로써 무형식학습이 이루어진다고 본 것이다 Marsick & Watkins, 1990. 이성엽2009의 연구도 선례가 없는 선구적인 업무를 담당하거나 벅차게 느껴지는 과도한 업무 등의 어려운 상황 속에서 무형식학습이 촉진될 수 있다고 보았으며 신입사원들에게 있어서는 모든 것이 무형식학습의 대상이 될 수 있다고 주장하였다.

세 번째, 학습을 개인적으로 이루어지는 것으로 보기보다는 스승과 제자, 상사와 부하직원 등 양자 간의 관계에서 발생하는 사회적 과정으로 본 점에서 유사하다. 무형식학습의 이론 중 자신이 주도하는 경험과 성찰에 관한 이론도 있지만, OJT On the Job Training나 코우칭, 멘토링의 경우에는 상사와 짝을 이룬 학습dyadic learning을 강조하는데, 전문가 교육에서도 전문가의 인식틀의 변화는 도제적 관계를 통해서 인식틀 갈등을 해소하였을 때 가능하다고 본 점과 꽤 유사하다고 할 수 있다.

다음으로는 Schön의 이론과 무형식학습 이론과의 차이점에 대해 주로 논의하면서 인적자원개발에 대한 연구에 주는 시사점에 대해서 모색해 보도록 하겠다.

첫째, 무형식학습 이론은 현장에 기반한 일터학습론에 기반해 있는데, Schön의 이론은 현장을 지향하고 있으나 현장과 분리된 학습 과정인 교육적 실습을 제안하고 있다. 이 점이 일터학습론의 부분인 무형식학습 이론과 Schön의 전문가 교육이론이 가장 큰 차이를 보이는 부분이라고 할 수 있는데, 무형식학습 이론은 다양한 일터를 포괄하고 있다는 점에서 소수의 전문직만을 대상으로 하고 있는 교육적 실습보다 적용의 폭이 상대적으로 훨씬 넓은 일반론이라고 할 수 있다.

둘째, 무형식학습 이론은 일상적인 직업인들을 대상으로 한 연구들로서 영업직 근로자들이나 은행 사무직 직원들, 무역 업무를 수행하는 직원들, 대기업 관리자들의 무형식학습 등을 대상으로 하고 있다[진성미, 2002; 이윤하, 이기성, 2010; Enos, et. al., 2003]. 그러나, Schön의 전문가 교육론은 주로 건축이나 디자인, 변호사, 의사 등 특정한 전문직에 종사하는 직업인들을 대상으로 한다는 점에서 차이가 있다. 일반적으로 전문직의 경우에는, 일반적인 직업의 경우보다 더 많은 교육과 학습이 필요하고 더 많은 발달 단계가 존재한다는 점에서, 전문가 교육 분야는 향후 일터학습론과 무형식학습론이 관심을 가지고 새롭게 탐구할 수 있는 블루 오션이 될 수도 있다.

셋째, Schön의 이론은 구성주의적 인식론[constructivism]에 기반하고 있는 데에 비해서, 무형식학습 이론은 사회적 학습이론[social learning theory]에 기반하고 있다. 두 이론 모두 스승과 상사라는 중요한 타인과의 상호작용을 통해서, 학습자가 이전의 인식을 벗어나 새로운 인식으로 변화할 수 있다는 점에 대해서는 동의하고 있으나, Schön의 이론에서는 개인의 경험의 수준이 계속적으로 재구성될 수 있다고 보고 있지만, 무형식학습 이론에서는 새로운 인식이 사회화의 경우처럼 한 번에 획득되는 것처럼 간주되고 있다. 이 점이 무형식학습 이론의 가장 아쉬운 부분이다. 구성주의적 인식론에 의하면 대상세계에 대한 인식은 경험이 축적되면서 끊임없이 변화해 나가는데, 사회적 학습이론에 기반해 있는 무형식학습론에서 학습은 무지한 개인이 조직내부에 있는 외부의 지식을 내재화함으로써 극복되는 것으로 가정된다. 가령, 질적인 연구를 통해 본 무형식학습은 신입사원 때가 가장 활발하고, 어려운 상황이 극복된 이후인 중견사원 이후에는 거의 무형식학습이 일어나고 있지 않다고 보고하고 있는 것이 그 증거라고 할 수 있다[이윤하, 이기성, 2010]. 신입사원이 경험과 성찰, 상호작용 등을 통해서 학습한 내용들은 대부분의 경우에 조직과 업무에 적응하기 위한 내용과 비슷하여 사회화의 내용과 큰 차이가 없는 것으로서, 자신만의 독창적인 인식이나 스타일을 찾아 볼 수 없다[조용환, 1997]. 경력이 성장함에 따라서 새로운 문제와 도전이 발생할 수 있는데, 무형식학습분야에서 그에 관한 연구는 매우 미흡한 실정이다.

그동안 인적자원개발에서 교육훈련 분야가 담당했던 일은 주로 한 조직의 문화와 가치에 개인들을 동화시키면서 동시에 그가 맡게 될 과업에 필요한 지식과 기술에 숙련되게 만드는 것이라는 점에서 교육보다는 사회화에 가까운 일이라고 할 수 있다[조용환, 1997]. 미래의 인적자원개발이 조직에서 대규모의 사원을 사회화하는 과거의 역할에 국한된다면 암묵적 경험의 중요성을 부각한 현재의 무형식학습 이론으로도 충분한 설명력이 있다고 볼 수 있다. 그러나 과거의 집체식 교육훈련을 넘어서서 전문직에서 뛰어난 역량을 발휘하는 소수의 엘리트를 육성하는 일이나 개인의 경력을 심화 발전시키는 분야도 인적자원개발의 하나의 영역으로 본다면, Schön이 전문가 교육론에서 주장하는 인식의 재구조화나, 행동지, 행위속의 반성과 같은 이론에 좀 더 귀를 기울일 필요가 있을 것이라고 생각한다.

참고문헌

문세연, 나승일(2011). 중소기업 근로자의 무형식학습과 관련변인, Andragogy Today, 14(3), 111−138.

박선민, 박지혜(2012). 기업의 무형식 학습이 비재무적 성과를 매개로 재무적 성과에 미치는 영향, HRD 연구, 14(1), 1−26.

박혜선, 이찬(2012). 무형식 학습 영향요인에 관한 통합적 문헌고찰, 평생교육학연구, 18(2), 213−246.

배을규, 김대영(2013). HRD 컨설턴트의 리더−구성원 교환관계와 경력몰입의 관계에 대한 무형식 학습활동의 매개효과, 대한경영학회지, 26(7), 1865−1885.

신은경(2012). 기업 내 무형식학습의 구성요소, 결과, 학습전이동기간의 구조적 관계. HRD 연구, 14(3), 25−60.

이윤하, 이기성(2012). 일터 무형식 학습의 의미에 관한 연구, 한국HRD연구, 5(1), 91−115.

이성엽(2009). 무형식 학습의 방법에 대한 사례연구, 인력개발연구, 11(1), 1−51.

전정호(2001). 쇤의 전문가 교육론, 교육원리연구, 5(1), 129−152.

조용환(1997). 사회화와 교육: 부족사회 문화전승 과정의 교육학적 재검토, 서울: 교육과학사.

진성미(2002). 영업직 종사자의 일터학습에 대한 연구. 서울대학교 석사학위논문.

Boud, D. & Middleton, H. (2003). Learning from others at work: communities of practice and informal learning. *Journal of Workplace*

Learning, 15(5), 194–202.

Choi, W. (2009). *Influences of formal learning, personal characteristics, and work environment characteristics on informal learning among middle managers in the Korean banking sector.* Unpublished doctoral dissertation, Ohio State University.

Ellinger, A. D. (2005). Contextual factors influencing informal learning in a workplace setting: The case of "Reinventing itself company", *Human Resource Development Quarterly,* 16(3), 389–415.

Enos, D, Kehrhahn M., Bell, A. (2003). Informal learning and the transfer of learning: How managers develop proficiency, *Human Resource Development Quarterly,* 14(4), 369–387.

Ernaut, M. (2004). Informal learning in the workplace. *Studies in Continuing Education,* 26(2), 247–274.

Lave, J. & E. Wenger (1989). *Situated Learning: Legitimate Peripheral Participation.* Cambridge: Cambridge University Press.

Lynch, L. & Black, S. (1998). Beyond the incidence of employer–provided training. *Industrial and Labor Relations Review,* 52(1), 64–81.

Marsick, V. & Watkins, K. (1990). *Informal and Incidental Learning in the Workplace.* New York, NY: Routledge.

Marsick, V. & Watkins, K. (1992). Towards a theory of informal and incidental learning in organization. *International journal of Lifelong Education,* 11(4). 287–300.

Marsick, V. & Volpe, M. (1999). The nature and need for informal learning, Advances in Developing Human Resources, 1–9.

Marx, W. (1987/1989). *Die Phanomenologie Edumund Husserl.* (이길우 역. 『현상학』, 서울: 서광사.)

Schön, D. (1983). *The Reflective Practitioner: How Professionals Think in action.* New York: Basic Books.

Schön, D. (1987). *Educating the Refective Practitioner.* SF: Jossey–Bass.

Watkins & Marsick (2001). Informal and Incidental Learning. *New*

Directions for Adult and Continuing Education, 89, 25－34.
Wertsch, J. (1985/1995). *Vygotsky and the Social Formation of Mind.* (한양대 사회인지발달연구모임 역. 『비고츠키: 마음의 사회적 형성』, 서울: 정민사.)

04

WORKPLACE LEARNING

WORKPLACE LEARNING의 연구:
무형식학습의 선행요인과 결과요인

최우재[1]

SUMMARY

무형식학습은 일터를 구성하는 제도와 시스템, 업무수행의 조건, 기대수준에 대한 개인의 성찰을 통해 스스로 환경을 구성해 나가는 과정이다. 무형식학습에 대한 연구는 개념과 정의를 구명하는 연구, 영향요인에 대한 연구, 결과요인에 대한 연구로 진행되어 왔다. 본 연구는 무형식학습의 개념과 정의에 대한 이론적 연구를 기반으로 해서 영향요인과 결과요인을 검토하였다. 영향요인은 조직수준, 직무 및 프로세스 수준, 개인수준으로 구분하였으며, 결과요인은 조직수준과 개인수준으로 구분하였다.

연구결과를 종합하면, 무형식학습에 대한 영향요인과 결과요인에 대한 실증연구를 통해 관련 변수들과의 관계에 대한 이해가 확장되었다는 성과를 얻었지만, 여전히 제한적인 정보들이 제공되고 있다. 특히 유사한 연구들이 반복적으로 진행되었다는 한계를 가지고 있다. 따라서 향후 연구들은 잠재적 영향요인과 결과요인에 대한 검토와 함께 무형식학습의 영향요인과 결과요인을 동시에 고려한 연구가 요구된다. 또한 무형식학습은 개인이 일터에서 요구되는 지식과 기술을 습득하는 가장 보편적인 학습의 형태라는 점으로 인해 주목을 받아 왔지만, 개인의 학습은 형식, 무형식, 우연학습을 구분하여 이루어지지 않는다(Choi & Jacobs, 2011). 따라서 무형식학습이 다른 학습 유형과 어떠한 관계가 있는지도 함께 연구되어야 할 것이다.

KEY WORD 무형식학습, 선행요인, 결과요인

1 제1저자, 청주대학교 경영학과 조교수(choiwj@cju.ac.kr).

01 서론

일터학습workplace learning은 다양한 방식으로 일어난다. 조직에 의해 계획되고, 설계되고, 운영되고, 평가되는 형식학습formal learning에서부터 학습을 의도하거나 학습에 참여하지 않았지만 업무수행과정에서 경험하는 성찰적 사건이나 실수에 의해 사후적으로 깨우치는 우연학습incidental learning까지를 포함한다. 일터는 성인의 학습이 일어나는 중요한 환경이다. 학습은 모든 업무에 포함되어 있는 자연스러운 측면이며, 일 그 자체가 학습의 풍부한 원천이 된다Fenwick, 2006. 이런 이유로 일터와 학습의 통합은 주목을 받아오고 있다배을규, 2007; Torraco, 1999. 일터학습의 유형 중에서도 무형식학습informal learning은 가장 보편적인 학습 형태이다Ellinger, 2005; Marsick, 2009; Marsick, Volpe, & Watkins, 1999. 무형식학습은 업무활동과 암묵적으로 통합되어 있으며, 개인과 조직의 지속가능한 경쟁우위의 주요한 원천이 된다.

그러나 전통적인 교수자 중심의 형식학습은 개인들이 스스로 업무 과제와 문제를 규명하고 해결하는 과정을 포함하지 못하고, 외부로부터 주어진 문제를 해결하는 방법을 습득하도록 요구하고 있다. 이러한 형식학습은 개인들이 일터 환경에 내재된 문화, 규범, 지식, 기술, 언어 등을 주도적으로 이해하고 구성해 나가기보다는 탈맥락적이고 비실제적인 지식과 기술을 수동적으로 학습할 것을 요구받고 있다는 문제점이 제기되고 있다배을규, 2007. 반면에 무형식학습은 일터를 구성하는 제도와 시스템 뿐 아니라 업무수행의 조건과 기대수준에 대한 개인의 성찰을 통해 스스로 환경을 구성해 나가는 과정을 포함한다. 또한 개인의 선택과 의지에 따라 촉진되며, 주도적 활동을 수반한다.

지금까지 무형식학습에 대한 연구는 크게 세 가지로 구분될 수 있다. 첫째, 무형식학습의 개념과 구성요인을 구명하는 연구Marsick, 2009; Marsick et al., 1999는 일터학습을 개념적으로 정의하고 세 가지 유형 중에서 무형식학습의 행태와 다른 형식 또는 우연학습과의 차별적 특성을 밝히는 연구이다. 둘째, 무형식학습을 촉발하는 선행요인에 대한 연구문세연·나승일, 2011; 최우재·조윤형, 2010; Choi & Jacobs, 2011; Park & Jacobs, 2011는 다시 조직수준, 직무 및 프로세스 수준, 개인수준으로 구분될 수 있다. 조직수준에서는 학습조직, 인적자원관리시스템, 지원적 환경 등이 무형식학습에 어떠한 영향을 미치는지를 검증하고 있다. 직무 및 프로세스 수준에서는 직무특성, 팀 분위기, 상사의 리더십, 학습환경 등에 따른 무형식학습의 발현정도에 차이가 있다는 점에 주목하고 있다. 개인수준에서는 개인의 특질trait과 상태state로써의 학습동기, 학습지향성, 자기효능감, 인지능력 등이 무형식학습에 선행한다고 주장한다. 셋째, 무형식학습의 결과요인에 대한 연구박윤희·최우재, 2011; 최우재·조윤형, 2010; Park & Choi, 2016는 무형식학습은 개인의 직무태도와 직무성과에 긍정적인 영향을 미친다고 주장한다. 직무태도에서는 직무만족도, 조직몰입, 직무몰입, 경력몰입 등이 주요한 결과변수로 나타나고 있다. 직무성과에서는 역할 내 성과in-role performance와 같이 공식적인 직무요구에 대한 수행 수준에 긍정적인 영향을 미치며, 역할 외 성과extra-role performance인 조직시민행동과 적응적 수행adaptive performance을 통해 개인성과를 향상시킨다는 연구가 있다. 또한, 개인성과의 향상을 통해 조직수준의 성과개선으로 이어질 수 있다는 연구도 존재한다.

기존 연구를 종합하면 무형식학습은 형식 및 우연학습과 차별적인 특성을 가지며, 개인의 업무수행 수준을 향상시키는 데에 가장 효과적이고 보편적인 학습방법Burns, Schaefer, & Hayden, 2005; Enos, Kehrhahn, & Bell, 2003; Marsick, 2009; Marsick et al., 1999이라는 점을 확인할 수 있다. 무형식학습은 다양한 수준의 선행요인에 의해 영향을 받으며, 개인 및 조직에 긍정적인 결과를 가져올 수 있다. 본 연구는 무형식학습에 대한 개념과 속성에 근거하여 무형식학습이 어떠한 선행요인에 의해 영향을 받고, 무형식학습의 결과요인은 무엇인지를 종합적으로 검토하고자 한다. 이를 위해 기존의 이론 연구를 기반으로 실증연구의 결과를 중심으로 통합적으로 이해할 수 있는 모형을 제시하고, 무형식학습의 이론과 실무적 시사점을 찾고자 한다.

02 무형식학습의 통합적 이해

무형식학습은 일터 맥락에 배태되어embedded 있는 학습, 경험에 근거한 학습, 비일상적 조건에 의해 영향을 받는 학습, 개인의 학습능력에 의해 차이가 나는 학습이다Watkins & Marsick, 1992. 이러한 무형식학습에 영향을 미치는 요인들은 조직, 직무환경, 개인특성과 같이 다양하다. 또한, 무형식학습의 결과는 개인의 태도와 행동에 영향을 미치며, 조직수준의 성과와 연결될 수 있다. 따라서 무형식학습에 대한 통합적인 이해가 요구된다. 이를 통해 현재 무형식학습 연구의 진행상황을 확인할 수 있으며, 향후 전개될 연구의 방향을 조망할 수 있을 것이다.

무형식학습이 어떠한 요인에 의해 영향을 받으며, 또 어떠한 결과를 가져오는지를 이해하기 위해서 분석의 수준level of analysis을 반영한 통합적 모형을 제시하고자 한다. 통합적 모형은 무형식학습의 개념에 대한 이해를 돕고, 주변 변수들과의 관계를 규명함으로써 무형식학습이 촉진되거나 저해되는 맥락을 분석하는 데에 도움을 줄 것이다. 또한, 무형식학습의 결과가 개인의 학습에 그치는 것이 아니라 개인성과와 조직성과의 개선에 기여할 수 있는 점을 확인하는 데에 활용될 수 있다.

무형식학습의 기존의 연구들은 분석의 수준을 고려하지 않음으로써 무형식학습이 일어나는 맥락과 개인의 수준에 대한 명확한 구분이 어려웠다. 또한, 무형식학습의 중요한 속성 중 하나인 개인의 주도성이 지나치게 강조되면서 무형식학습을 통한 효과가 개인의 업무 성과 향상과 직무에 대한 긍정적 태도형성이라는 제한적인 관점을 제공하게 되었다. Rummler & Brache1995는 성과요인분석에서 조직수준, 직무 및 프로세스 수준, 개인수준에 따라 성과가 차별적이면서 통합적으로 영향을 받는다고 주장하였다.

무형식학습의 선행요인을 살펴보면, 조직학습 및 조직문화와 같은 조직수준이 일터학습 및 무형식학습에 어떠한 영향을 미치는지에 대한 연구가 존재한다. 직무 및 프로세스 수준에서는 학습을 장려하는 업무지원 환경, 상사의 리더십, 직무특성이 포함된다. 개인특성으로는 학습전략, 자기효능감, 학습목표지향성 등이 무형식학습에 영향을 미친다고 보고되고 있다. 더욱 최근에는 신체적, 정신적, 심리적 열의zest 수준에 의해 무형식학습에 차이가 있다는 연구결과도 있다. 특히 무형식학습은 개인의 역량수준에 의해 영향을 받을 수 있으며, 개인의 형식학습이 무형식학습에 요구되는 학습도구와 학습기회 활용의 방법을 제공할 수 있다는 연구결과도 제시되었다.

무형식학습의 결과요인은 개인수준과 조직수준으로 구분할 수 있다. 개인수준에서 살펴보면, 무형식학습은 조직몰입, 직무몰입, 경력몰입과 같은 태도의 변화를 가져오며, 직무를 통한 만족감에 긍정적인 효과를 가져 온다. 또한, 무형식학습을 통해 일터에서 요구되는 과업에 대한 성찰을 수반하며, 문제에 대한 다양한 접근을 시도하기 때문에 직무능력향상으로 이어진다. 이 과정에서 기존의 방식을 넘어서는 새롭고 독창적인 방법을 창안하려는 노력이 수반되기 때문에 혁신행동과 적응적 수행에도 긍정적인 영향을 미치게 된다. 조직수준의 결과를 보면 비재무적 관점에서 조직의 프로세스 개선, 고객 만족도 향상, 조직학습 수준 향상의 효과가 있다. 이러한 효과는 궁극적으로 재무적 성과로 이어진다. 이와 같이 무형식학습에 영향을 미치는 요인과 성과요인에 대한 실증연구의 결과들의 통합적 모델은 [그림 1]에 제시되어 있다.

그림 1 무형식학습의 선행요인과 결과요인의 통합모형

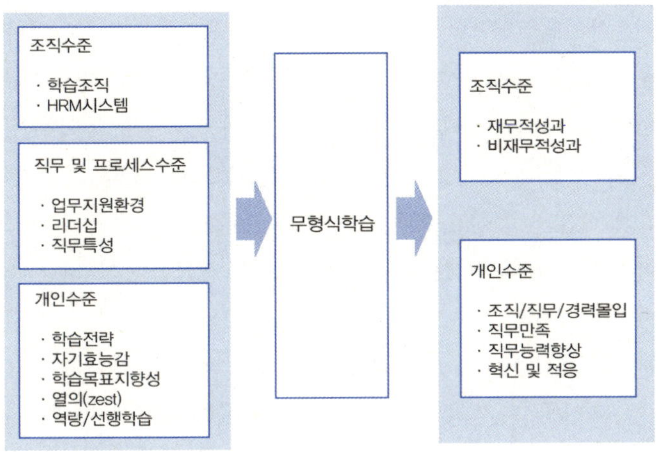

03 무형식학습의 선행요인

1) 조직수준의 선행요인

조직수준에서 무형식학습에 영향을 미치는 선행요인은 학습조직과 인적자원관리[HRM] 시스템을 살펴볼 수 있다. 먼저 학습조직[Senge, 1990; Watkins & Marsick, 1993]은 구성원들이 지속적인 학습을 통해 개인과 조직의 학습과 성과에 기여할 수 있는 조직을 만들어 가는 시스템의 구축을 강조하고 있다. 학습조직은 변화에 대한 적응, 새로운 정보나 지식의 창출 및 획득을 위해 개인들의 능력과 재량권을 확대하는 조직이다. 학습조직은 개인들의 학습활동을 촉진하고 근본적인 변화를 지속적으로 촉진한다. 또한, 학습조직이론의 확장된 적용으로 학습지향적 조직지원[Choi & Jacobs, 2011]이 무형식학습에 어떠한 영향을 미치는지에 대한 연구들이 있다. 조직은 인적자원개발HRD 정책, 학습에 대한 가치 부여, 보상, 학습자원에 대한 접근 용이성과 같은 환경을 제공함으로써 무형식학습을 촉진할 수 있다. Lohman2005은 학습조직문화가 무형식학습에 긍정적인 영향을 미친다는 결과를 제시하고 있다. 국내 연구를 보면, 병원조직에서 학습조직의 수준은 개인의 무형식학습에 긍정적인 영향을 미치는 것으로 나타났다조윤형·최우재·양복만, 2011. 제조업을 중심으로 한 연구에서도 조직이 개인의 학습에 헌신적이고 학습도구 활용이 높은 집단일수록 무형식학습이 더욱 높아지는 결과송선일, 이찬, 2011를 보이고 있다.

조직의 인적자원관리HRM시스템은 개인들의 무형식학습에 영향을 미친다. 개인의 행동은 자신과 환경의 상호작용의 결과이다Lewin, 1937. 따라서 무형식학습은 개인이 몸담고 있는 조직의 제도, 규범, 관행, 기준 등에 의해 영향을 받게 된다. 개인들은 조직의 전략과 업무 목표 설정, 작업 절차 설계, 참여인력의 선정 등과 같은 의사결정 권한이 증가할수록 무형식학습이 촉진된다노용진, 박용승, 2006. 의사결정 권한의 확대는 개인에게 더 많은 정보와 지식의 습득을 요구하게 되고 상사 또는 동료와의 빈번한 의사소통을 촉진하게 된다. 또한, 권한에 상응하는 책임감은 개인의 자율적 업무수행을 촉발하고, 조직의 기대수준에 대한 이해와 이를 충족시키려는 노력으로 이어지기 때문에 무형식학습이 활발히 이루어진다고 할 수 있다. 더욱이 고용안정성은 개인들의 무형식학습을 촉발할 수 있다노용진, 박용승, 2006. 고용안정성이 낮은 조직에서 개인들은 타인과의 소통의 기회가 적어지고, 타인과 협력적인 관계를 형성하기보다는 경쟁관계를 형성하게 되기 때문에 무형식학습이 저해될 수 있다. 무형식학습은 행동과 성찰의 반복적인 과정이며Cesh, Watkins, & Marsick, 1999, 개인은 타인의 행동을 관찰하고 모방하는 과정을 통해 자신의 행동을 수정하고 보완해 나간다. 이때 구성원들 간의 상호 개방적이고 지원적인 환경은 무형식학습을 촉발한다고 할 수 있다.

2) 직무 및 프로세스 수준의 선행요인

직무 및 프로세스 수준은 업무지원환경, 리더십, 직무특성으로 구분될 수 있다. 무형식학습을 위해서는 업무도구와 지원이 요구된다. Ellinger[2005]는 조직구조가 부서 간 및 부서 내 정보를 공유할 수 있도록 설계될수록 무형식학습이 촉진된다고 하였다. 동료들 간의 시간적 및 공간적 접근용이성이 높을수록 개인들은 해결해야 하는 문제에 대한 확장된 성찰의 기회를 가지고 방안을 탐색하게 되며, 대안을 적용하여 평가할 수 있는 기회가 증가하기 때문에 무형식학습이 촉진될 수 있다. 상사의 리더십은 개인의 학습활동 뿐 아니라 업무요구수준에 대한 인식, 우선순위의 결정, 행동방식의 선택, 업무결과에 대한 평가 등에 영향을 미친다. 서재교·홍아정[2015]은 리더가 정보와 의사결정권한을 분산시킬 때 부하들은 의사결정에 더욱 적극적으로 참여하게 되고, 다양한 의견과 아이디어를 발현하게 되면서 무형식학습에 영향을 미친다고 하였다. 또한 배을규·김민주·김대영[2013]은 리더와 부하의 관계의 질[leader−member exchange]의 수준에 따라 부하의 무형식학습에 차이가 있다고 보고하고 있다. 즉, 리더와 부하의 관계에서 정서적 친밀감이 높고, 상호 공헌을 위해 노력하며, 전문성에 대한 존중감이 높을수록 부하들의 무형식학습은 촉진된다고 할 수 있다.

직무는 개인이 일터에서 수행해야 할 과업의 범위와 수준, 일정에 대한 기준을 제공한다. 개인이 직무를 수행하는 데에 요구되는 지식과 기술 수준의 변화와 완성도의 요구수준 등은 개인의 무형식학습에 영향을 미친다. Skule[2004]는 새로운 제품과 서비스를 개발하거나 고객으로부터의 요구수준의 변화가 빈번한 업무를 수행할수록 무형식학습이 강화된다고 하였다. Choi & Jacobs[2011]는 국내 은행 중간관리자들을 대상으로 한 연구에서 개인들이 직무를 효과적으로 수행하기 위해 새롭고 발전적인 방법의 개발과 적용이 요구될수록 무형식학습이 더욱 촉진된다고 하였다. 개인은 업무에 대한 다양성과 자율성이 높을수록 더욱 다양한 방법을 탐색하게 되면서 창의적 업무방법을 모색하게 된다.

3) 개인수준의 선행요인

개인특성은 무형식학습에 영향을 미친다. 학습전략은 개인이 정보의 습득, 파지, 활용을 위해 의식적으로 스스로를 통제하면서 자신에게 익숙하고 유용한 방법을 찾아나가는 과정이다. 개인이 시연, 정보화, 조직화, 계획, 조절, 점검과 같은 학습전략을 더욱 적극적으로 활용할수록 무형식학습의 정도는 강화된다[문세연, 2010]. 개인특성과 무형식학습 간의 관계에서 가장 많이 논의된 개념 중의 하나는 자기효능감이다[Bandura, 1986]. 자기효능감은 개인이 인식하는 자신의 능력에 대한 믿음을 말한다. 따라서 개인이 무형식학습을 위한 학습전략을 수립할 수 있고, 학습전략에 따라 실천하며, 기대하는 결과를 얻어낼 수 있다는 믿음은 무형식학습에 더욱 적극적으로 임하게 만들 것이다[박윤희, 최우재, 2011; Choi & Jacobs, 2011; Lohman, 2005].

학습과 관련되어 중요한 개념 중의 하나는 학습목표지향성이다[Button, Mathieu, & Zajac, 1996]. 학습목표지향성은 개인이 스스로 도전적인 상황에 자신을 노출시키며, 자신의 역량을 향상시키려는 열정을 갖고, 현재 성과를 평가하기 위해 과거 자신의 성과를 활용하려는 의도로 정의된다. 학습목표지향성이 높을수록 새로운 것을 습득하려는 성향이 강하며, 학습을 통해 자신의 역량을 향상시키려 하기 때문에 무형식학습이 촉진된다[Choi & Jacobs, 2011]. 최근에 Noe, Tews, & Marand[2013]은 열의[zest]가 무형식학습에 긍정적인 영향을 미친다는 결과를 제시하고 있다. 긍정조직행동론[positive organization behaivor: POB] 관점에서 열의는 에너지와 기대감을 가지고 인생을 바라보는 정도[Peterson & Seligman, 2004]로 정의된다. 열의를 가진 개인은 자신의 신체적, 지적, 사회적 자원을 확장하려고 하기 때문에 새로운 지식과 정보를 얻고자 하며, 이를 위한 탐색[explore] 행동에 적극적이고 자발적으로 임하기 때문에 무형식학습이 강화된다고 할 수 있다.

개인의 역량 및 선행학습 수준은 무형식학습에 영향을 미칠 수 있다. 네덜란드 경찰을 대상으로 한 연구에서 경찰들이 역량수준이 높고 업무성과가 높을수록 더욱 적극적인 무형식학습 방법을 선택하는 것으로 나타났다[Doornbos, et al., 2008]. 국내연구를 보면 개인의 업무숙련도가 높고 주어진 과업의 복잡성이 높을수록 무형식학습이 증가한다는 결과를 보이고 있다. 또한, Choi & Jacobs[2011]은 형식학습은 무형식학습을 위해 필요한 학습도구와 학습전략에 대한 습득을 촉진하기 때문에 무형식학습에 긍정적인 영향을 미친다고 주장하였다. 노용진·박용승[2006] 역시 형식훈련의 기회는 주어진 과업에 대한 이론적 지식과 학습전략 습득의 기회를 제공하기 때문에 무형식학습에 긍정적인 영향을 미친다고 보고하고 있다. 이와 같이 무형식학습은 조직수준, 직무 및 프로세스 수준, 개인수준과 같이 다수준 요인들에 의해 복합적인 영향을 받는다.

04 무형식학습의 결과요인

1) 개인수준의 결과요인

먼저 개인수준의 효과성을 살펴보면 무형식학습을 통해 개인들은 자신의 직무와 경력, 그리고 조직에 대한 태도에 변화를 가져오게 된다. 기존의 연구결과들을 살펴보면, 무형식학습은 조직에 대한 몰입을 높이는 것으로 나타났다. 조직몰입[organization commitment]은 개인이 조직의 목표와 가치를 내재화하는 과정에서 발생하는 긍정적이고 우호적인 감정을 말하며[Mowday, Porter, & Steer, 1979], 개인이 가지는 조직목표와 가치에 대한 신뢰감, 동일성, 조직목표수행을 위한 노력 등으로 표현된다. 임재원·이찬[2010]은 중소기업 근로자들을 대상으로 한 연구에서 형식, 무형식, 우연학습 전체를 포함하는 일터학습이 조직몰입에 긍정적인 영향을 미친다고 하였다. 그러나 세 유형의 학습을 구분하여 효과를 검증할 때, 무형식 및 우연학습은 조직몰입에 유의한 영향을 미치지만, 형식학습은 유의한 영향을 미치지 못하는 것으로 나타났다. 조직몰입과 유사한 개념으로 직무몰입과 경력몰입이 있다. 무형식학습이 활발한 개인은 그렇지 않은 개인에 비해 직무몰입[윤경신, 김진모, 2016]과 경력몰입[배을규 외 2인, 2010; 임재원, 이찬, 2010]의 수준이 더 높은 것으로 나타났다. 이는 무형식학습을 통해 업무와 관련된 문제와 사건들을 해결하는 과정에서 자기효능감이 높아지게 되면서 자신의 직무와 경력에 대한 의미가 확장될 수 있기 때문이다.

또한, 무형식학습은 직무만족에 긍정적인 영향을 미친다. Rowden & Connie[2005]는 미국의 중소 은행업을 대상으로 한 연구에서, 은행 종사자들에게 무형식학습은 필요한 지식과 기술을 습득하는 주요한 원천이 되며, 무형식학습에 적극적인 개인들은 직무에 대한 만족도가 높아진다는 결과를 보여주고 있다. 국내에서도 멘토링, 코칭, 학습조직, OJT와 같은 무형식학습은 직무만족에 긍정적인 영향을 미치는 것으로 나타났다[송연지, 박지혜, 2014]. 특히 무형식학습과 직무만족 및 조직몰입의 관계는 조직 내 커뮤니케이션에 의해 매개된다고 하였다. 이는 개인들이 무형식학습 활동을 활발히 할수록 타인과의 커뮤니케이션의 빈도와 유용성이 증가하게 되며, 이를 통해 조직효과성이 증가한다고 할 수 있다.

무형식학습은 개인의 직무능력향상, 혁신행동, 적응적 수행에 긍정적인 영향을 미친다. 박윤희·최우재[2011]는 중소기업 근로자들을 대상으로 한 연구에서 OJT, 비공식적 멘토링, 학습공동체와 같은 무형식학습은 직무능력향상으로 이어진다고 보고하고 있다. 무형식학습과 같이 개인의 성찰이나 동료와의 대화, 외부적 탐색은 현장에서 요구되는 역량습득과정을 통해 직무능력의 향상에 긍정적인 효과가 있다는 결론을 내리고 있다. 노용진[2009]은 개인의 숙련수준을 단순한 수준에서 복잡한 수준으로 구분할 때, 선후배 및 동료 간 상호 학습과 일을 통해 스스로 배우기와 같은 무형식학습은 숙련수준에 유의한 영향을 미친다고 제시하고 있다. 즉, 무형식학습의 정도가 높을수록 개인의 업무에 대한 숙련수준이 높아진다는 것을 의미한다.

무형식학습은 일터에서 직면하는 과제에 대한 성찰의 과정을 포함하기 때문에 기존의 관행이나 방법에 대해 지속적으로 문제를 제기하고 새로운 방법을 탐색하는 과정을 포함한다. 따라서 창의성과도 관련이 깊다고 할 수 있다. 지금까지 창의성과 직접적인 관련성을 검증한 연구는 제한적이지만, 무형식학습이 개인의 혁신행동과 적응적 수행에 유의한 영향을 미친다는 연구결과가 보고되었다. 서재교·홍아점2015은 개인의 업무지식획득, 조직적응 및 맥락이해, 자기개발노력과 같은 무형식학습 활동은 상사의 리더십과 혁신행동의 관계를 매개한다고 하였다. 그들은 직접가설을 설정하지는 않았지만, 경로분석에서 무형식학습은 혁신행동에 직접효과가 있는 것으로 나타났다. 최우재·조윤형2010은 무형식학습은 학습목표지향성과 학습자기효능감이 적응적 수행에 미치는 영향을 매개한다고 하였다. 적응적 수행은 지속적으로 변화하는 업무수행의 조건이나 환경에 맞춰 개인이 창의적으로 문제를 해결하고 불확실한 상황을 통제하고 관리하는 것을 말한다. 즉, 무형식학습은 새롭고 다양한 상황에 대한 대응능력을 향상시킨다고 할 수 있다.

2) 조직수준의 결과요인

무형식학습은 개인의 업무수행에 대한 태도와 행동에 변화를 가져오기 때문에, 궁극적으로 조직수준의 성과에 긍정적인 영향을 미칠 수 있다. 무형식학습과 조직성과 간의 관계에 대한 기존 연구들을 보면, 조직성과를 재무적 성과와 비재무적 성과로 구분하고 있다. 비재무적 성과에 대한 측정은 주로 균형성과표Balanced score card를 활용했다는 특징을 보이고 있다. 조윤형 외 2인2012은 병원조직을 대상으로 한 연구에서 학습조직이 재무적 관점과 고객 관점의 성과에 미치는 영향은 일터학습을 통해 매개된다고 보고하고 있다. 이러한 결과는 학습조직은 개인과 조직의 학습을 촉진하는 환경을 제공하기 때문에 무형식학습이 촉진되며 결국은 조직의 성과로 이어진다는 점을 보여주고 있다. 박종선·김진모2015는 조직의 OJT 활용도는 조직의 학습과 성장 및 내부 프로세스의 효과성으로 이어진다고 하였다.

무형식학습과 재무적 성과 간의 관계를 검증한 연구는 매우 제한적이다. 그러나 박선민·박지혜2012의 연구는 무형식학습이 직무만족과 조직몰입을 통해 1인당 매출액에 긍정적인 영향을 미친다는 결과를 보고하고 있다. 개인의 무형식학습이 직접적으로 재무적 성과에 영향을 미칠 수도 있지만, 이를 연계하는 메커니즘에 대한 이해가 필요하다는 점에 주목할 필요가 있다. 즉, 개인의 무형식학습은 개인의 태도와 행동에 긍정적인 변화를 가져오기 때문에, 이러한 결과로써 조직수준의 비재무적 및 재무적 성과에 긍정적인 효과를 가질 수 있다고 할 수 있다.

05 논의

무형식학습은 개인 주도적이며, 일터 환경에 내재된 제도와 시스템, 규범 등에 배태되어 있으며, 타인과의 적극적인 의사소통에 의해 발현된다. 이러한 이유로 무형식학습에 영향을 미치는 요인들을 조직수준, 직무 및 프로세스 수준, 개인수준으로 구분하여 살펴보았다. 또한, 무형식학습의 결과는 일터에 대한 태도와 행동에 긍정적 변화를 가져오며, 이를 통해 조직수준의 성과로 이어진다는 점을 확인할 수 있었다. 실증연구의 결과를 중심으로 무형식학습의 선행요인과 결과요인을 분석한 결과를 통해 몇 가지 시사점과 향후 연구를 위한 방향을 제시하고자 한다.

첫째, 무형식학습 선행요인 연구에 있어서 여전히 개인수준의 변수들에 치중되어 있다는 점을 확인할 수 있다. 이는 무형식학습이 개인의 선택, 선호, 의도에 의해 주도된다는 특징을 잘 반영한 결과라고 할 수 있다. 그러나 조직수준과 직무 및 프로세스 수준의 영향요인에 대한 연구는 상대적으로 미흡한 실정이다. 조직수준에서는 특히 학습조직과 인적자원관리 시스템이 무형식학습에 어떠한 영향을 미치는지에 집중되어 왔다. 개인의 행동은 개인의 특성과 환경에 의해 결정된다[Lewin, 1937]. 무형식학습을 행동과 성찰의 반복적 과정으로 볼 때, 개인의 특성뿐 아니라 어떠한 환경에서 무형식학습이 더욱 발현되는지를 이해하려는 노력이 필요하다. 예를 들어 조직공정성 및 조직적합성은 잠재적 영향요인으로 검토될 수 있다. 조직공정성은 개인이 조직에 투입한 노력의 대가에 상응하는 보상을 받고 있는지, 보상 및 승진 등 결정의 기준은 공정한지, 기준과 절차를 정하는 과정에서 개인이 참여하고 토론할 수 있는 기회를 충분히 가지고 있는지에 대한 정도를 말한다. 개인은 일터에서 주도적인 역할을 하고, 자신의 의견이 의사결정에 반영될 수 있는 환경에서 더욱 적극적인 참여를 하게 될 것이며, 이러한 과정은 무형식학습으로 이어질 것으로 예상할 수 있다. 또한 조직적합성은 조직이 추구하는 미션, 비전, 전략, 가치 등이 개인의 그것들과 일치하는 정도를 말한다. 개인이 조직과 동일하거나 유사한 가치를 가지고 있을 때, 자신의 행동변화를 통해 조직에 기여하고 자신의 비전을 달성하려는 노력이 증가할 수 있을 것이다.

둘째, 직무수준의 선행요인을 보면, 학습지원, 리더십, 직무특성 등의 효과를 확인할 수 있었다. 초기 연구는 학습지원 환경이나 직무특성에 많은 비중을 두고 진행되었다고 할 수 있다. 그러나 개인이 실제로 일상적인 업무를 수행하는 과정에서 개인에게 필요한 지식과 기술 수준을 제시하고, 행동의 지침을 제공하며, 성과결과에 대한 평가와 피드백을 제공하는 팀장 또는 리더의 역할은 개인의 학습활동에 중요한 영향을 미칠 것이다. 리더십이론은 특성론, 행위론, 상황론, 통합론과 같이 패러다임을 가지고 진화되고 있다. 이는 리더십의 역할이나 개념이 변화하는 환경에 따라 차별적인 효과성을 가지게 된다는 점을 반영하는 결과라고 할 수 있다. 따라서 현재에 적합한 다양한 리더십이론들과 무형식학습과의 관계를 검토하는 연구들이 필요하다고 할 수 있다. 예를 들어 진성리더십은 기존의 리더십이론들이 리더의 특성이나 기술을 지나치게 강조하고 있다는 점에 대한 반성에서 출발한다. 진성리더는 자기 스스로 성찰하고, 스스로를 통제하며, 개방적인 의사소통을 하는 과정에서 자연스럽게 개인의 가치를 넘어서는 공동의 가치와 목적을 위해 동참하도록 만들어 가는 리더이다. 즉, 직접적인 지시나 통제가 아닌 부하들 스스로의 성찰과 참여를 유도하기 때문에 부하들의 무형식학습을 촉진할 수 있을 것으로 예상된다.

셋째, 무형식학습에 영향을 미치는 요인 중에서 가장 많은 주목을 받아온 영역은 개인특성이다. 특히 학습전략, 자기효능감, 학습목표지향성 등은 무형식학습에 긍정적인 영향을 미치는 것으로 나타났다. 최근에 Noe et al.2013은 열의zest가 무형식학습에 유의한 영향을 미친다는 결과를 제시하고 있지만, 더욱 다양한 개인특성이 검토될 필요가 있다. 예를 들어, 개인의 감성지능은 개인의 태도와 행동에 영향을 미칠 수 있기 때문에, 무형식학습과도 관계를 가질 것이다. 기존 연구들은 개인의 인지적 영역에 집중함으로써 감성적 영역에 대한 관심이 부족하다는 한계점을 가지고 있다. 감성지능은 스스로 자신의 감정을 평가하고 통제하며, 타인의 감정을 이해하는 능력이다. 개인은 타인의 행동을 통해 자신의 행동을 이해하고, 평가하며, 수정해 나간다. 개인은 일상의 과업을 수행하면서 끊임없이 자신을 되돌아 보는데, 이 과정은 인지적 활동인 동시에 감정적 활동이 된다. 다시 말해, 개인의 인지와 감정은 분리되지 않고 공존하기 때문에, 개인의 태도와 행동에 대한 이해를 확장하기 위해서는 감정이 어떠한 역할을 하는지를 검토할 필요가 있다.

무형식학습의 결과요인에 대한 연구는 영향요인에 비해 상대적으로 주목을 받지 못했다. 따라서 이에 대한 정보와 지식은 제한적이다. 이는 학습은 결과물을 위한 과정이 아니라 그 자체가 결과가 될 수 있다는 관점에 의해 영향을 받았다고 보여진다. 또한, 현실적으로 실증연구를 위해 필요한 자료 수집의 어려움도 있을 것이다. 그러나 개인의 모든 학습활동은 그 자체로써 의미가 있지만, 그 결과를 통해 더욱 강화될 수 있다. 즉, 개인이 학습을 통해 긍정적인 결과를 가져온다고 인지할수록 학습활동은 더욱 강화될 것이다. 이러한 관점에서 결과요인에 대한 더 많은 관심이 요구되며, 좀 더 구체적인 내용은 다음과 같다.

첫째, 개인수준에서 무형식학습의 결과에 대한 연구는 태도에 집중되어 왔다. 조직몰입, 직무몰입, 경력몰입, 직무만족 등은 개인이 대상에 대해 가지는 긍정적 또는 부정적 판단을 의미한다. 이러한 태도는 잠재적으로 행동으로 이어지지만, 그 과정 역시 다양한 상황 요인과 메커니즘으로부터 영향을 받게 된다. 따라서 향후 연구는 무형식학습이 태도와 행동에 어떠한 영향을 미치는지를 동시에 분석할 필요가 있다. 또한 직무성과와 같은 정해진 규정이나 기준에 근거한 수행을 평가하는 데에 그치지 않고, 변화환경에 적합한 수행에 어떠한 영향을 미치는지를 검토할 필요가 있다[최우재, 조윤형, 2010].

둘째, 조직수준의 결과요인에 대한 연구는 매우 제한적이다. HRD의 관점에서 볼 때, 개인의 학습은 개인의 역량향상을 통해 조직의 성과개선에 도움을 줄 수 있다. 따라서 조직의 성과기준에 근거한 연구들이 요구된다. 조직은 개인들이 배우고자 하는 것들에 대한 충분한 정보를 가지고 의사결정을 내릴 수 있도록 도움을 주어야 하며, 조직은 어떻게 직원들의 목표와 조직의 목표가 일치하는지를 볼 수 있도록 해야 한다. 무형식학습을 촉진하기 위한 조직의 역할과 함께 개인의 무형식학습 결과가 조직에 어떠한 형태로 기여하는지에 대한 정보도 필요하다. 그 이유는 무형식학습은 개인의 일상적 활동의 영역으로부터 영향을 받으며, 무형식학습은 일터의 문제에 대한 인식과 해결과정에 대한 자발적이고 주도적인 참여에 의해 강화되기 때문이다.

셋째, 무형식학습의 결과요인에 대한 연구에서 간과되어 온 부분은 팀 수준의 성과에 대한 연구이다. 개인의 일상적인 업무는 팀 단위로 진행된다. 즉, 팀은 개인이 가장 많은 시간을 할애하는 활동의 단위이며, 가장 빈번한 의사소통이 일어나는 단위이다. 또한, 개인은 팀 동료들을 통해 바람직한 태도와 행동에 대한 규범을 습득해 나가며, 개인성과의 직접적인 평가 역시 팀 단위로 이루어진다. 따라서 무형식학습은 팀 단위의 역동성과 효과성에 영향을 미칠 것이다.

기존 연구의 검토를 통해, 무형식학습의 선행요인과 결과요인을 살펴보았다. 지금까지의 연구결과들을 통해 무형식학습에 대한 이해가 확장되었다는 성과를 얻었지만, 여전히 제한적인 정보들이 제공되고 있으며, 유사한 연구들이 반복적으로 진행되었다는 한계를 가지고 있다. 따라서 향후 연구들은 위에 제시된 잠재적 영향요인과 결과요인에 대한 검토와 함께 무형식학습의 선행요인과 결과요인을 동시에 고려한 연구설계가 요구된다. 또한, 무형식학습은 개인이 일터에서 요구되는 지식과 기술을 습득하는 가장 보편적인 학습의 형태라는 점으로 인해 주목을 받아 왔다. 그러나 개인의 학습은 형식, 무형식, 우연학습을 구분하여 이루어지지 않는다[Choi & Jacobs, 2011]. 다시 말해 형식학습을 통한 학습도구와 전략의 습득은 무형식학습을 위한 토대를 제공할 수 있기 때문에, 무형식학습이 다른 학습 유형과 어떠한 관계가 있는지도 함께 연구되어야 할 것이다.

참고문헌

노용진(2009). 작업장 내 비공식학습의 숙련효과. 인사관리연구, 33(1), 61-82.

노용진, 박용승(2006). 작업장 내 비공식학습의 영향요인: 작업조직 및 인사제도를 중심으로. 인사관리연구, 30(4), 149-173.

박종선, 김진모(2015). 인적자본기업패널 자료를 활용한 한국 기업의 조직성과와 고성과작업시스템, 무형식학습 활용도의 관계. 농업교육과 인적자원개발, 47(2), 73-98.

배을규(2007). 일터 학습 이론의 한계와 방향: 세 가지 실천기반 학습이론의 관점에서. 교육의 이론과 실천, 12(1), 189-208.

배을규, 김민주, 김대영(2003). HRD 컨설턴트의 리더-구성원 교환관계(LMX)와 경력 몰입의 관계에 대한 무형식 학습 활동의 매개효과. 대한경영학회지, 26(7), 1865-1885.

문세연(2010). 중소기업 근로자의 무형식학습과 학습동기, 학습전략, 대인관계 및 직무특성의 인과적 관계. 서울대학교 박사학위논문.

문세연, 나승일(2011). 중소기업 근로자의 무형식학습과 관련변인. Andragogy Today, 14(3), 111-138.

박선민, 박지혜(2012). 기업의 무형식 학습이 비재무적 성과를 매개로 재무적 성과에 미치는 영향. HRD 연구, 14(1), 1-26.

박윤희, 최우재(2011). 중소기업 근로자의 일터학습 참여가 직무능력향상에 미치는 영향. 직업능력개발연구, 14(3), 207-231.

서재교, 홍아정(2015). 공유리더십이 혁신행동에 미치는 영향과 무형식학습, 직무배태성의 매개효과. 대한경영학회지, 28(3), 981-1008.

송선일, 이찬(2011). 대기업 연구개발 인력의 학습지원환경과 무형식학습 수준의 관계에서 학습도구 활용의 조절효과. 농업교육과 인적자원개발, 45(2), 149－170.

송연지, 박지혜(2014). 기업의 무형식 학습이 조직 내 커뮤니케이션을 매개로 조직유효성에 미치는 영향. 한국HRD연구, 9(1), 23－51.

윤경신, 김진모(2016). 중소기업 근로자의 직무몰입과 업무부하, 무형식학습 및 직무효능감의 관계. 농업교육과 인적자원개발, 48(1), 129－148.

임재원, 이찬(2010). 중소기업 근로자의 일터학습과 경력몰입 및 조직몰입의 관계. 농업교육과 인적자원개발, 42(4), 223－248.

조윤형, 최우재, 양복만(2011). 학습조직이 인지된 병원성과에 미치는 영향과 일터학습의 매개 효과. HRD 연구, 14(3), 87－110.

최우재, 조윤형(2010). 학습목표지향성과 학습자기효능감이 적응적 수행에 미치는 영향: 비공식적 일터학습의 매개효과. HRD 연구, 12(2), 145－171.

Bandura, A. (1986). *Social foundations of thought and action: A social cognitive theory.* Englewood Cliffs, NJ: Prentice Hall.

Button, S. B., Mathieu, J. E., & Zajac, D. M. (1996). Goal orientation in organizational research: A conceptual and empirical foundation. *Organizational Behavior and Human Decision Processes,* 67(1), 26－48.

Burns, J. Z., Schaefer, K., & Hayden, J. M. (2005). New trade and industrial teachers'perceptions of formal learning versus informal learning and teaching proficiency. *Journal of Industrial Teacher Education,* 12(3), 66－87.

Cesh, M., Watkins, K. E., & Marsick, V. J. (1999). Re－conceptualizing Marsick and Watkins' model of informal and incidental learning at workplace. In K. P. Kuchinke (Ed.), *Proceeding: Academy of Human Resource Development Conference,* vol. I(pp. 349－356), Baton Rouge, LA: Academy of Human Resource Development.

Choi, W., & Jacobs, R. L.(2011). Influences of formal learning, personal learning orientation, and supportive learning environment on informal learning. *Human Resource Development Quarterly,* 22(3), 239－257.

Doornbos, A. J., Simon, R. J., & Denessen, E. (2008). Relations between characteristics of workplace practices and types of informal work-related learning: A survey study among Dutch police. *Human Resource Development Quarterly,* 19(2), 129-151.

Ellinger, A. D. (2005). Contextual factors influencing informal learning in a workplace setting. *Human Resource Development Quarterly,* 16(3), 389-416.

Enos, M. D., Kehrhahn, M. T., & Bell, A. (2003). Informal learning and the transfer of learing: How managers develop proficiency. *Human Resource Development Quarterly,* 14(4), 367-387.

Fenwick, T. (2006). Tidying the territory: Questioning terms and purposes in work-learning research. *Journal of Workplace Learning,* 18(5), 265-278.

Lewin, K.(1937). Psychoanalysis and topological psychology. *Bulletin of the Menninger Clinic,* 1. 202-211.

Lohman, M. C. (2005). A survey of factors influencing the engagement of two professional groups in informal workplace learning. *Human Resource Development Quarterly,* 16(4), 501-527.

Marsick, V. J. (2009). Toward a unifying framework to support informal learning theory, research, and practice. *Journal of Workplace Learning,* 21(4), 265-275.

Marsick, V. J., Volpe, M., & Watkins, K. E. (1999). Theory and practice of informal learning in the knowledge era. *Advances in Developing Human Resource,* 1(3), 80-95.

Mowday, R. T., Porter, L. W., & Steer, R. M. (1979). Employee-organizational linkage: The psychology of commitment. *Absenteeism and Turnover.* New York: Academic Press.

Noe, R. A., Tews, M. J., & Marand, A. D.(2013). Individual differences and informal learning in workplace. *Journal of Vocational Behavior,* 83. 327-335.

Park, Y., & Jacobs, R. L. (2011). The influence of investment in workplace learning on learing outcomes and organizational performance. *Human Resource Development Quarterly,* 22(4), 437–458.

Park, Y., & Choi, W. (2016). The effects of formal learning and informal learning on job performance: The mediating role of the value of learning at work. *Asia Pacific Education Review,* 17. 279–287.

Peterson, C., & Seligman, M. E.(2004). *Character strengths and virtues: A handbook and classification.* New York: Oxford University Press.

Rowden, R., & Connie, C. T. (2005). The impact of workplace learning on job satisfaction in small US commercial banks. *Journal of Workplace Learning,* 17(4), 215–230.

Rummler, G. A., & Brache, A. P. (1995). *Improving Performance: How to Manage the White Space in the organization chart* (2nd). San Francisco: Jossey–Bass.

Senge, P. M. (1990). *The fifth discipline: The art and practice of the learning organization.* New York: Doublelay.

Skule, S. (2004). Learning conditions at work: A framework to understand and assess informal learning in the workplace. *International Journal of Training and Development,* 8(1), 8–20.

Torraco, R. J. (1999). Integrating learning with working : A reconception of the role of workpalce learning. *Human Resource Development Quarterly,* 10(3), 249–270.

Watkins, K. E., & Marsick, V. J. (1993). *Sculpting the learning organization: Lessons in the art science of systemic change.* San Francisco: Jossey–Bass.

05

WORKPLACE LEARNING

WORKPLACE LEARNING의 연구: 실행공동체 사례를 중심으로

장주희[1]

SUMMARY

실행공동체는 동일한 관심사와 특정 주제에 대한 열정을 공유하고 있으며 지속적인 상호작용을 통해 전문성을 쌓아가는 사람들의 집단이다. 실행공동체 참여자는 합법적인 주변적인 참여를 통해 일에 필요한 지식과 기술을 습득하고, 소속감을 느끼며, 일터의 문화에 적응해간다. 실행공동체는 다양한 모습을 띠며 개인이 실행공동체에 참여하는 모습도 적극적인 역할부터 소극적인 주변인까지 다양하다. 지식이 기업 경쟁우위의 원천이라는 인식이 확산되면서 지식공유와 창출, 학습의 장으로서의 실행공동체의 가치가 강조되고 있다. 이 장에서는 실행공동체의 개념과 이론을 소개하고, 국내외 기업에서의 실행공동체 사례를 제시한다.

KEY WORD 일터학습, 실행공동체, 기업 사례

1 제1저자, 한국직업능력개발원 부연구위원(jchang@krivet.re.kr).

01 일터학습과 실행공동체

그동안 HRD 분야의 가장 큰 부분을 차지해 온 것은 공식적인 교육훈련 프로그램이었다. HRD 분야의 발전에는 산업현장에 필요한 일꾼을 빠른 시간 내에 효율적으로 길러내야 한다는 시급성이 가장 큰 원동력으로 작용하였고, 그 때문에 계획적인 교육훈련 프로그램에 대한 강조는 당연한 것이었다. 현장에서만이 아니라 학문분야에 있어서도 교육훈련 프로그램의 효과나 프로그램 평가 등에 많은 관심이 쏠렸다.

그러나 실제로 개인이 어떤 방식으로 일하는 방법을 배우는가를 생각하면 교육훈련이 전부가 아니라는 것을 알게 된다. 강의실에 앉아서 정형화된 수업을 듣는 것도 중요하지만 현장에서 업무를 하면서 실제로 일하는 방법을 배운다는 논의는 계속되어 왔다. 일터에서 배우는 것의 대부분은 사전에 치밀하게 계획된 내용을 교사나 훈련자의 일방적인 가르침으로 전하는 것이 아니라 일이 실제로 행해지는 장소에서, 사전계획에 의한 것이라기보다는 자유로운 형식으로, 학습자의 학습하고자 하는 욕구와 필요에 의해 학습자 주도로 이루어진다는 것이다 Marsick & Watkins, 1990.

일터학습은 과거에 마치 HRD의 전부인 것인 양 여겨졌던 교육훈련 프로그램만이 아니라, 다양한 방면에서 경험을 통해서 현재 맡은 일을 하는 데 필요한 능력과 미래에 요구될 것으로 예상되는 직무능력을 갖추기 위해 학습하는 과정을 의미한다 Jacobs & Park, 2009. Jacobs와 Park 2009은 일터학습을 학습이 일어나는 장소, 계획정도, 훈련자의 역할에 따라 구분하였는데, 실행공동체 community of practice: CoP는 일터학습의 다양한 유형 중에서도 실제 직무가 일어나는 환경에서 이루어지고, 계획적이거나 구조적이기보다는 비계획적인 방식으로 학습이 일어나며, 적극적인 역할을 하는 교사가 있는 것이 아니라 제한적인 역할만을 담당하는 조력자가 있다는 성격을 지니고 있다.

이 장에서는 일터학습의 한 유형인 실행공동체에 대해 본격적으로 살펴본다. 실행공동체에서의 학습은 어떻게 일어나며, 실제 기업에서 실행공동체는 어떻게 작동하는지에 대해 사례를 통해 알아본다.

02 실행공동체의 개념과 이론[2]

1) 상황학습과 합법적인 주변적 참여

실천공동체라고도 번역되는 실행공동체community of practice: CoP는 사실 그리 오래된 용어가 아니다. Lave와 Wenger1991는 '상황학습Situated Learning: Legitimate Peripheral Participation'이라는 책에서 이 용어를 처음 사용하였다. 상황학습이란 학습을 단순한 지식의 내면화 과정이 아니라, 학습자의 삶 속에 통합되어 존재하는 상황 맥락적인 지식을 습득하고 적용해 가는 과정이라고 보았다. 이러한 학습은 사회적 환경 속에서 발생하며, 주어진 사회적, 역사적 상황과 문화의 영향을 받는다. Lave와 Wenger가 제시한 상황학습은 실행공동체에 합법적인 주변적 참여Legitimate Peripheral Participation: LPP를 함으로써 일어난다.

어떤 기업에 처음 입사한 신입사원이 있다고 생각해 보자. 아마 회사별로 상황에 따라 다르겠지만 몇 시간에서 대기업의 경우 몇 개월까지의 신입사원 교육을 받은 다음 부서에 배치될 것이다. 소속 부서에 가면 '사수'라고 하는 선배직원이 부서나 업무에 대해 소개해주고 궁금한 것에 대해 대답해주기도 하면서 회사에 적응하도록 도와줄 수도 있다. 경우에 따라서는 부서에서 신입사원을 위한 공식적인 오리엔테이션을 실시하기

---

2 이 절은 '장주희(2015). 실행공동체의 개념과 이론. 장원섭, 장지현, 김민영(편). 일터학습: 함께 배우기(pp. 89-113)' 중 일부 내용을 수정·보완하여 재구성한 것임.

도 한다. 그렇지만 결국 일을 배우는 것은 그 일을 먼저 하고 있던 사람들을 보고 듣고 질문하며 실제로 일을 해보면서 일어난다. 아무리 일의 진행 과정을 다 배우더라도 아직은 혼자서 독립적으로 일을 하기 어렵다. 갑자기 어떤 상황에 부딪혔을 때 왜 이런 일이 생기는지, 어떤 일이랑 연관이 되는지, 어디를 어떻게 처리해야 할지 알지 못하고, 주어진 일이 큰 맥락 속에서 어떤 의미인지도 이해하기 어렵다. 그 때문에 당분간은 '신입'이라는 이름으로 일에 대해 완전히 책임지지 않으면서 선배직원들이 하는 일의 일부를 거들거나 점차 어느 한 부분을 직접 해보는 기회를 갖게 된다. 학습의 과정이기 때문에 실수에 대해서도 어느 정도는 용인하는 단계를 거치고, 점차 더 많은 일을 하면서 일하는 방법을 배우고 자신감을 가진다. 합법적인 주변적 참여는 이와 같이 어떤 일을 하던지 처음에 물에 발을 담가도 된다는 허락을 받고, 발을 조금만 물에 담갔다가, 물 속에 발을 디디고 서고, 더 깊은 곳으로 들어가는 것과 같은 과정이 일어나는 것에 비유할 수 있다. 그 일을 하는 사람들의 공동체에 속하고, 처음에는 주변인으로 있다가 점차 자기 몫을 하는 사람으로 바뀌는 현상이다.

2) 실행공동체의 개념과 구성요소

개인은 생명체로서 생존하기 위해서 다양한 일에 지속적으로 관여하는 동시에 끊임없이 학습하지 않을 수 없는데, 이렇게 오랜 시간 동안 누적된 학습은 공동체의 자산으로 체화된다[Wenger, 1998]. 공동체 구성원 간의 관계맺음을 통해 서로 관여하는 가운데 실천이 일어난다. 이것을 호혜적 관여[mutual engagement]라고 하는데 다양한 구성원이 자신의 업무와 관련하여 인간관계를 형성한다는 것이 실행공동체의 특징이다. 정형화되어 있지 않은 업무라도 암묵적으로 공유하는 규칙에 따라, 명시된 규정을 재해석하여 서로 조율해 가면서 공동으로 업무를 수행하는 모습을 보인다는 점도 실행공동체의 특징이다. 마치 합작회사 joint enterprise와 같은 모습으로 협력관계를 유지해 나간다. 마지막으로, 실행공동체는 공동의 관심사를 추구하는 데 필요한 공동의 자산인 전문 용어, 도구, 행동방식, 개념 등을 공유한다. 이러한 공동의 자산shared repertoire은 오랜 시간 동안 구성원들에 의해 사용되면서 변형되고 축적되어 업무에 대한 맥락을 제공한다.

그림 1 공동체의 속성으로서의 실행의 다양한 차원들

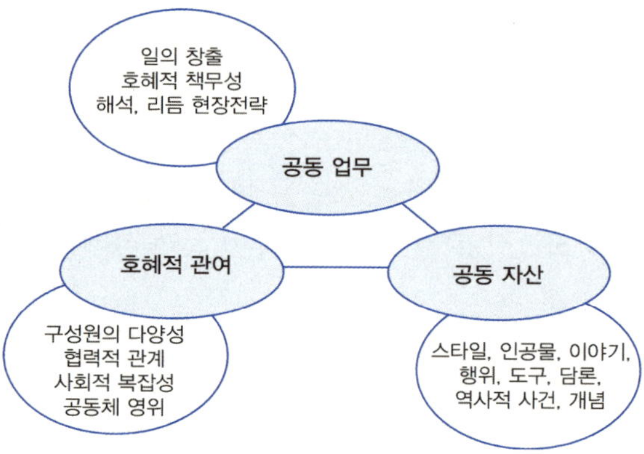

출처: 손민호, 배을규 공역(2007), p. 118 그림.

Wenger는 실행공동체를 "동일한 관심사와 일련의 문제, 어떤 주제에 대한 열정을 공유하고 있으면서, 지속적으로 상호작용하는 과정을 통해서 이 분야에 대한 지식과 전문성을 보다 깊이 있는 것으로 만들어가는 사람들의 집단"이라고 정의하였다Wenger, McDermott, & Snyder, 2002: 19. 특정 회로를 설계하는 엔지니어들이 서로 만나 전문기술을 논의하거나, 예술가들이 새로운 기법에 대해 토론하고 자신의 비법을 공유하는 일들은 어디에나 있다. 공통적으로 관심을 가진 그 주제에 대해 지식을 공유하고, 도움이 되는 사람들에 속해 있다는 안정감을 가지면서 상호작용을 통해 그

집단만의 독특한 견해까지 개발해가는 것이 바로 실행공동체가 생성되는 과정이다.

실행공동체는 세 가지 구조적 요소로 구성된다[Wenger et al., 2002]. 첫째, 지식의 분야[domain of knowledge]는 실행공동체 구성원들이 관심을 가지는 분야이다. 관심의 대상이 무엇인지를 분명히 정의하는 것으로부터 구성원들의 실행공동체 참여를 촉진할 수 있다. 둘째, 대상 분야에 관심을 가진 사람들의 공동체[community]이다. 공동체는 학습이 일어나는 지적인 과정에 영향을 미치는 소속감에 작용하게 된다. 셋째, 공동체 구성원이 공유하는 실행[shared practice]이다. 공동체 구성원들이 개발하고 공유하며 유지하는 구체적인 지식이 바로 실행인데, 생각의 틀, 아이디어, 도구, 정보, 양식, 언어, 이야기, 문서들을 포함한다.

실행공동체는 지식의 분야, 공동체, 실행 중 어느 하나라도 없으면 실행공동체라고 볼 수 없다. 실행공동체가 기능하려면 의미 있는 특정 분야가 같은 사람들이 모여 서로 실행을 해나가는 과정이 전제되어야 하기 때문이다. 지식의 분야가 없다면 공동체는 친목을 다지는 모임과 다를 바 없을 것이며, 공동체가 없는 단순한 지식의 저장고에서는 인간관계와 상호교류를 통한 학습이 일어날 수 없다.

3) 실행공동체의 특징

부서나 프로젝트팀 등 여타의 조직 구조와 비교하였을 때 실행공동체의 특징이 더욱 명확히 드러난다[Wenger et al., 2002]. 실행공동체는 제품 및 서비스를 제공하거나 특정한 과업을 달성하기 위한 목적이 아니라 지식을 창조하고, 교환하며, 개인의 능력을 개발하는 데 그 목적이 있다. 인사명령에 따라 조직구성원으로 배치되는 것이 아니라, 특정 주제에 관해 전문성과 열정을 가진 사람들이 자발적으로 참여한다. 실행공동체를 유지시키는 힘은 프로젝트 목표나 업무상의 요구사항이 아니라 스스로의 열정과 헌신, 전문가로서의 인정과 같은 정서적 동기가 크고, 구성원들이 해당 주제에 대한 학습의 가치를 긍정적으로 판단하는 한 지속되다가 가치가 사라지면 소멸된다.

실행공동체는 식별되지 않는 것부터 제도화된 것까지 여러 종류가 있다. Wenger와 동료들은 조직의 눈에 보이지 않고 때로는 공동체 구성원들에게조차도 보이지 않는 식별이 안되는 실행공동체, 잘 알고 있는 사람들의 무리에 있는 사람에게만 보이는 비공식적인 실행공동체, 공식적으로 인정받은 합법적인 실행공동체, 조직으로부터 직접적인 지원을 제공받는 실행공동체, 조직 내 공식적인 지위와 기능이 주어진 제도화된 실행공동체로 실행공동체의 가시성을 구분하였다[Wenger et al., 2002: p. 53].

Dubé와 동료들은 온라인 실행공동체를 21개의 구조적 성격으로 구분하였다[Dubé, Bourhis, & Jacob, 2006]. 실행공동체가 얼마나 오래되었는지, 성숙 정도는 어떠한지, 자생적으로 발생한 것인지 또는 의도적으로 구성된 것인지 등 다양한 측면에서 실행공동체의 특징을 살펴볼 수 있다.

표 1 온라인 실행공동체의 구조적 특성

인구통계학적 특성	성향	운영적 ↔ 전략적
	수명	일시적 ↔ 영속적
	나이	오래됨 ↔ 신규
	성숙성의 수준	변형 단계 ↔ 잠재 단계
조직의 맥락	발생 과정	자생적 ↔ 의도적
	조직 경계의 가로지름	낮음 ↔ 높음
	환경	촉진적 ↔ 방해적
	조직의 여유	높음 ↔ 낮음
	제도화된 형식주의의 정도	인식되지 않음 ↔ 제도화됨
	리더십	분명히 할당됨 ↔ 계속적 협상
구성원 특성	규모	작음 ↔ 큼
	지리적 분산성	낮음 ↔ 높음
	구성원 선택	닫힘 ↔ 열림

	구성원의 입회	자발적 ↔ 의무
	구성원의 사전 공동체 경험	대규모 ↔ 없음
	구성원의 안정성	안정적 ↔ 유동적
	구성원의 정보통신기술 리터러시	높음 ↔ 낮음
	문화적 다양성(같은 직업, 언어, 비전)	동질적 ↔ 이질적
	주제가 구성원에게 적합한 정도	높음 ↔ 낮음
기술적 환경	정보통신기술에 의존하는 정도	낮음 ↔ 높음
	정보통신기술의 사용가능성	매우 다양 ↔ 별로 다양하지 않음

출처: Dubé et al.(2006), pp. 73-74 표 요약정리.

실행공동체는 대개 느슨한 네트워크로 시작되어 구성원들 간의 인간관계가 쌓이면서 하나의 공동체로 형성되며, 구성원들의 정체성이 형성되고 지식 공유가 증가하면서 공유하는 지식이나 실행을 관리하고 의식적으로 개발하면서 변화해 나간다. Wenger와 동료들은 실행공동체는 잠재기, 결합기, 성숙기, 관리기, 변형기의 5단계를 거쳐 발달하고 쇠퇴한다고 보았다[Wenger et al., 2002].

첫 번째 단계에서는 실행공동체가 처음 시작되는 단계로, 네트워크를 구축하고 구성원들 간의 공통점을 찾는 것이 중요하다. 두 번째 단계인 결합기는 실행공동체가 공식적으로 출범하는 단계이다. 구성원들이 실행공동체에 참여할 수 있도록 동기를 부여하고 실행공동체 참여의 가치를 발견할 수 있도록 하는 것이 중요하다. 세 번째 단계인 성숙기에는 실행공동체의 확장과 더불어 초점과 역할을 명확히 해야 한다는 과업이 대두된다. 학습할 의제를 개발하고, 참여 자격과 프로세스를 구축하며, 지식을 관리하는 일이 중요해진다. 네 번째 단계인 관리기는 활발하게 활동하는 구성원을 충원하고, 새로운 리더십을 개발하는 등 실행공동체의 추진력을 유지하기 위한 적극적인 정책을 펼치는 시기이다. 마지막 단계인 변형기는 실행공동체가 동력을 잃고 급격히 변형되거나 소멸되는 일이 일어나는 시기이다.

4) 실행공동체 참여와 학습

같은 실행공동체라고 하더라도 사람마다 실행공동체에 참여하는 동기는 모두 같지 않다. 실행공동체에 참여하는 동기도 다양하다. 관심 분야에 지식이 축적되는 것을 보며 성취감을 느끼려는 사람도 있고, 관심 분야의 사람들과 함께 어울리고 싶다는 생각이 큰 사람도 있을 것이다. 자신이 수행하는 업무나 특정 지식의 영역에 대하여 학습하고자 하는 사람도 있다.

개인이 실행공동체에서 수행하는 역할도 다르다. 토론에 적극적으로 참여하고 각종 프로젝트를 운영하고 주제를 정하여 실행공동체를 이끌어 가는 소수의 핵심그룹core group, 정기적으로 회의에 참석하고 가끔 토론에 참여하지만 핵심그룹보다는 소극적으로 참여하는 활동그룹active group, 실행공동체 활동에 거의 참여하지는 않지만 핵심그룹과 활동그룹의 상호작용을 지켜보는 방관자적인 주변인 그룹peripheral group으로 나누어볼 수 있다[Wenger et al., 2002]. 이벤트를 조직하는 것과 같이 실행공동체 구성원들을 연결하는 역할을 맡은 조정자coordinator가 있는가 하면, 실제로 실행공동체 구성원은 아니지만 실행공동체가 어떻게 돌아가는지에 관심을 가진 외부인outsider들도 있다.

실행공동체 구성원들이 실행공동체에 참여하는 모습도 다양하다. 첫째, 문제와 논쟁거리를 찾아내어 논의에 불을 붙이는 사람들이다. 둘째, 실행공동체가 의미를 만들어내는 과정에 도움을 주며, 맥락을 형성하는 사람들이다. 셋째, 다른 사람들보다 우월한 위치에서 홀로 공동체에 공헌하는 사람들이다. 자신의 사례를 공유하고, 가능성을 보여준다. 넷째, 자신의 경험을 제시함으로써 다른 사람의 아이디어를 견고하게 해 주는 사람들이다. 다섯째, 실행공동체 내에서 가장 활발하게 활동하면서 공동체의 성공에 관심을 가진 사람들이다. 여섯 번째, 공동체에 공헌을 하지는 않지만 정기적으로 방문하여 공동체가 어떻게 돌아가는지 엿보고 자료를 이용하는 사람들이다. 실행공동체는 지원하는 모습도 다양하게 나타난다. 리더의 역할을 맡아 정책과 절차를 결정하는 사람, 공동체에서 일어나는 활동을 조정하고 촉진하는 사람, 공동체의 가치를 인식하여 필요한 자원을 지원하는 후원자와 같은 역할이 있다[Saint-Onge & Wallace, 2003].

그림 2 실행공동체 참여의 정도

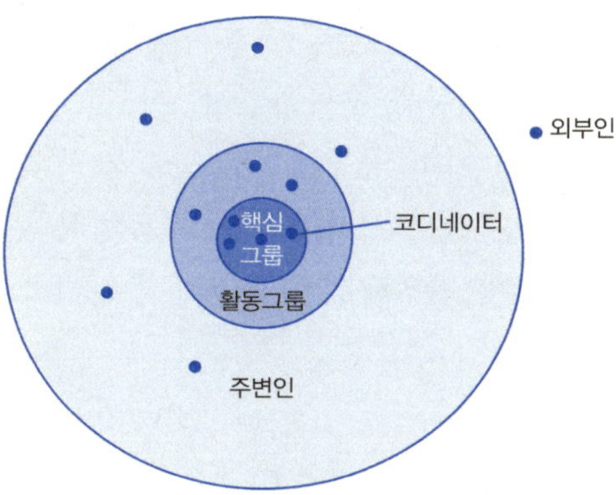

출처: 손민호, 배을규 공역(2007), p. 94 그림.

동일한 분야에 대하여 관심을 가진 사람들이 모여 주제에 대해 논의하고 문제를 해결할 방법을 찾아나갈 때, 그러한 행동이 수차례 계속되는 과정에서 서로 맺게 되는 인간관계와 상호작용으로 사회적인 학습시스템이 형성된다[Wenger, 2000]. 실행공동체에서의 학습은 단순히 정보의 교환이나 지식의 공유가 아니라 공동체가 지닌 맥락과 문화를 받아들여 공동체 구성원으로서의 정체성을 형성해 나가는 과정이다[Wenger, 1998]. 앞서 상황학습과 합법적인 주변적 참여에서 살펴보았듯이 학습은 상황과 맥락이

스며들어 있는 지식을 습득하는 것이기 때문이다.

Wenger[1998]는 학습의 구성요소를 의미, 정체성, 실행, 공동체의 네 가지로 제시하였다. 개인은 자신의 삶과 세상에 대한 경험을 통해 의미를 형성하며, 변화 과정을 통해 자신의 정체성을 형성한다. 실행을 통해 공동체 구성원들은 행동 양식과 문화를 축적하며, 그들이 소속된 공동체는 구성원들의 행위에 가치를 부여하고 인정한다. 개인의 학습은 공동체의 실행에 공헌하는 것이기도 하지만, 공동체의 관점에서 보면 각 개인의 실행이 공동체에 축적되어 다음 세대의 구성원들에게 전해지는 것이다.

실행공동체에서 학습이 일어나는 과정은 '다중 멤버십학습 사이클multimembership learning cycle'이라고 불리는데, 그 이유는 공동체 구성원들이 부서나 팀에 소속되어 업무를 수행하는 동시에 실행공동체에도 참여하기 때문이다[Wegner et al., 2002]. 업무를 수행하면서 발견한 문제점이나 토론거리를 실행공동체에 가지고 가서 공동체 구성원들과 논의하면서 새로운 해결책을 찾거나, 해결방안을 문서화하거나, 공동체의 실행에 통합시키는 한편, 해결방안을 현업에 적용해보는 과정이 수반된다.

03 기업에서의 실행공동체

실행공동체는 사실 전혀 새로운 개념은 아니다. 인류 역사의 발전 과정에서 새로운 기술에 대한 공동의 탐구, 공동의 문제해결, 정보의 공유, 수련생이나 도제제도를 통한 학습은 항상 있어 왔다. 이처럼 우리 주변에 늘 있어왔던 실행공동체가 재조명을 받게 된 원인은 지식경제 시대의 도래와 관련이 있다. 지식이 기업 경쟁우위의 원천이라는 인식이 확산되면서 지식경영knowledge management과 학습조직learning organization에 대한 관심이 증가하였다. 지식의 공유와 새로운 지식의 창출, 학습을 조직의 성과로 연결시키려는 관심이 실행공동체의 가능성에 대한 주목으로 이어졌다.

실행공동체에서 일어나는 사회적 협력은 업무 흐름의 일부로 학습 경험이 가능하도록 해주는데, 다른 사람과 협업하는 과정에서 지식을 창조하고 공유하는 활동이 일어나고 이를 통해 학습하는 것이다[Arets, Jennings, & Heijnen, 2015]. 리더들을 대상으로 한 미국의 한 조사에서, 리더의 역할을 수행하기 위해 필요한 것의 10%를 공식적인 교육 프로그램[coursework and training]을 통해서 학습하였고, 20%는 타인과의 상호작용[developmental relationships]에서, 70%는 업무수행[challenging assignments]을 통해서 학습했다는 결과가 나왔다[Rabin, 2014]. 이러한 '70 : 20 : 10 모델'은 사람들 사이의 상호작용을 통한 학습, 즉 협업을 통한 학습의 중요성을 보여주는데, 실행공동체가 그 중 하나이다.

실행공동체 구성원들은 실행공동체 참여를 통해 정보를 얻고, 일하는 방법을 배우기도 하지만 그것이 전부는 아니다. 실행공동체 참여는 어떤 업무 조직, 어떤 집단의 구성원이라는 정체성을 형성하는 데 도움을 준다. 실행공동체는 업무 관련 고유 언어와 지식을 바탕으로 구성원에게 안정감을 제공하고 적응을 돕는다[구경모, 2003]. 실행공동체는 새로운 아이디어를 활용해 볼 수 있는 터전을 제공하고, 신뢰하고 인정하며 격려하는 문화를 형성하는 근간이 된다[Wenger et al., 2002].

여기에서는 기업에서의 실행공동체 사례를 선행연구를 중심으로 소개하고자 한다. 첫 번째 사례는 2000년대 국내 IT기업의 사례로 비교적 초기의 모습을 보여준다. 두 번째는 최근의 국내 은행의 사례이다. 마지막으로 미국의 거대 전력회사의 전략적 실행공동체 사례를 소개한다. 각각의 사례들은 실행공동체 연구에 있어 다양한 연구방법[양적, 질적, 혼합적 연구방법]이 사용되는 모습을 보여준다. 이 사례들을 통하여 실행공동체는 어떤 모습으로 나타나며 실행공동체에 대한 연구는 어떻게 할 수 있는지에 대한 아이디어를 얻기를 바란다.

1) 국내 IT기업 S사 사례[3]

장주희2005는 정보통신 산업의 실행공동체 조기 도입주용국, 김수원, 2003에 주목하고 국내 3대 대기업의 SI시스템 통합 전문회사인 S기업의 실행공동체를 대상으로 연구하였다. 2005년 당시 국내 기업의 실행공동체에 관한 실증 연구는 거의 이루어지지 않고 있었으며, 일부 실증연구의 경우에도 지식경영 관점에 치우쳐 있어 일터학습의 관점에 대한 연구는 부재한 실정이었다. S기업의 모 기업인 S주식회사는 1999년 국내 최초로 실행공동체를 시작하여 우수 사례로 인정받은 바 있으며 S기업은 기업의 사업 특성상 지식관리시스템을 조기에 구축한 상황이었다. 그룹의 지식경영에 대한 관심이 큰 가운데 S기업은 2001년 12월 'CoP'라는 명칭으로 실행공동체 제도를 도입하였으며, 2005년 4월 기준으로 38개의 CoP에서 1200명이 활동하고 있었다.

연구자는 실행공동체 참여가 기업 환경에서 개인의 학습과 적응에 긍정적인 영향을 미칠 것이라는 가설을 토대로, 실행공동체 참여를 통한 직무숙련, 역할명료화, 조직소속감 제고 등 학습의 성과를 살펴보고, 직무만족, 조직몰입, 이직의도와 같은 조직적응 측면에서도 실행공동체의 역할을 밝히고자 양적 연구를 수행하였다. 특히 신입사원을 포함하여 입사한 지 오래 되지 않은 초기경력자의 학습과 적응에 실행공동체가 긍정적인 영향을 미치는가 하는 것이 이 연구의 초점이었다.

연구 결과, 실행공동체 참여 여부는 조직소속감, 역할이해, 조직몰입과 약한 정적 상관을, 이직의도와 약한 부적 상관을 보이는 것으로 나타났다. 실행공동체의 발전 수준은 조직소속감과, 실행공동체 구성원의 동질성은 직무만족, 이직의도, 조직몰입과 상관을 보였다. 실행공동체 참여

3 이 부분은 '장주희(2005). 초기 경력자의 실행공동체 참여와 학습 및 적응과의 상관성 연구'와 'Chang, J., Chang, W., & Jacobs, R. L.(2009). Relationship between participation in communities of practice and organizational socialization in the early careers of South Korean IT employees' 중 일부 내용을 수정·보완하여 재구성한 것임.

기간은 학습 및 참여 변수와 관련성이 발견되지 않은 반면, 실행공동체 참여의 강도는 직무만족, 조직몰입, 역할이해, 이직의도, 조직소속감과 관련이 있는 것으로 나타났다. 실행공동체 참여와 조직에서의 학습과 적응 사이에 관계가 있음을 보여주는 이러한 연구결과는 HRD 부서가 실행공동체에서 일어나는 학습활동에 관심을 가질 필요가 있으며, 직원들의 실행공동체 참여를 확대하기 위한 다각적인 노력이 필요하다는 점을 시사한다.

2) 국내 금융권 K은행 사례

고수정2015은 국내 한 은행의 초기경력자들로 구성된 실행공동체인 '신입행원 달인 만들기 수신 실행공동체이하 신달수 CoP' 안에서 이루어지는 상호작용과 학습에 관하여 질적인 연구를 하였다. 신달수 CoP는 인력개발부와 영업점 직원들이 2011년에 만든 실행공동체로 신입행원들은 영업점에서 바로 사용할 수 있는 수신 업무를 배울 수 있다. 경력 5년 미만의 초기 경력자들이 자신의 경험에 비추어 신입행원들이 실전 업무를 배울 수 있도록 돕는다는 취지에서 시작되었다.

주로 입사 2~3년의 연수성적이 우수하거나 영업점에서 우수한 평가를 받은 직원들 중 인력개발부와 실행공동체 구성원들의 추천을 받고 실행공동체 참여 의사가 있는 경우 실행공동체에 참여하도록 한다. 기존 구성원들과 만나고, 향후 일정을 공유한다. 신달수 CoP의 주된 활동은 신입행원 연수총 2개월 중 2일 동안 신입행원의 업무능력 향상과 일터 적응을 위한 일정을 맡는 것이다. 따라서 교재 제작이나 강의내용에 관한 내용을 논의하기 시작한다. 실행공동체 구성원들은 각 영업지점에 흩어져서 근무하고 있기 때문에 대면 회의는 쉽지 않고 주로 사내 메신저나 SNS 서비스를 활용하여 상호작용을 한다.

연구자는 신달수 CoP 참여자 중 10명을 연구 참여자로 선정하고 심층

면담과 참여관찰을 통하여 신입행원들이 일터에서 겪는 어려움, 실행공동체 참여를 통한 일터 적응, 실행공동체 참여를 통한 경험과 학습, 실행공동체 참여를 통한 변화에 대한 자료를 수집하고 분석하였다. 연구 참여자들은 실행공동체를 통해 업무 능력 향상, 다양한 인간관계 형성, 함께 성장하는 문화를 경험하고 있었다. 이들은 선배를 보고 배우는 경험과 공동체 구성원들과 함께 배우는 과정을 긍정적으로 생각하고 있었다. 실행공동체 참여를 통해 일터에 대한 성찰의 기회를 갖고 자신에 대해 돌아보는 시간을 갖고 있는 것으로 나타났으며, 타인을 돕는다는 보람을 느끼고 있었다.

3) 미국 전력회사 A기업 사례[4]

초기에 Lave와 Wenger가 제시한 실행공동체는 일터에서 접촉하는 사람들 사이에 형성되는 비공식적인 그룹의 개념이었으나 이 의미는 점차 바뀌었다. 특히 온라인 기반 환경의 급속한 확대와 지식경영시스템의 활용과 같은 변화는 실행공동체 구성원 사이 관계를 면대면에서 온라인 기반으로 변화되는 데 큰 영향을 미쳤다. 2000년대에 들어 Wenger와 동료들의 저작을 살펴보면 실행공동체는 비공식적인 자생적인 그룹이라기보다는 관리 가능한 하나의 대상으로 인식하고 있는 모습이 발견되는데, 무엇보다도 지식 공유의 수단으로서의 실행공동체를 조명하고 있음을 알 수 있다.

한편, 지식경영에 있어서 시스템보다도 인간 측면이 강조되면서 기존의 비공식적인 실행공동체를 가시화하고 실행공동체의 가치를 기업에 드

4 이 부분은 'Chang, J.(2010). *The Relationships Among Participants' Characteristics, Perceptions, Nature of Involvement, and Outcomes in Strategic Community of Practice Programs in a Large Electric Utility Company*'와 'Chang, J. & Jacobs, R. (2012). Determinants and outcomes of employee participation in a strategic community of practice: A mixed-method approach' 중 일부 내용을 번역 및 수정·보완하여 재구성한 것임.

러내 보이려는 노력이 시작되게 된다. 기업들은 실행공동체를 지원하고 모니터링하는 것에서 한 걸음 더 나아가 특정한 목적을 가진 실행공동체를 의도적으로 만들려는 노력을 시작한다. 기업의 전략적인 사업 니즈를 충족시키기 위하여 공식적이고 구조화된 실행공동체를 계획적으로 만들고 관리하려는 시도에서 전략적인 실행공동체strategic community of practice들이 생긴다.

미국 생산성본부American Productivity and Quality Center: APQC는 2001년부터 2009년에 이르기까지 수차례의 연구를 통하여 실행공동체 프레임워크APQC CoP Framework를 만들었다.[5] 실행공동체 설계는 첫째, 전략적 포지셔닝, 둘째, 실행공동체 기획, 셋째, 실행공동체 설계와 시작, 넷째, 유지와 발전의 네 단계로 구성된다APQC, 2001, 2005. APQC는 매년 지식경영 컨퍼런스를 열어 지식경영 및 프로세스 혁신 담당자들에게 APQC 프레임워크를 홍보하고 있으며, APQC의 프레임워크는 많은 미국 기업에 도입되어 활용되고 있다.

미국의 거대 전력회사인 A기업은 1900년대에 설립되었으며, 연구가 수행된 2010년 당시 2만 1천여 명의 직원이 미국 11개 주에서 5백 2십만 명의 고객에게 서비스를 제공하고 있었다. A기업의 실행공동체는 APQC의 실행공동체 모델을 도입하여 자체적으로 실행공동체는 구축하였다. 실행공동체 설계팀, 임원 1명, 실행공동체 코치 1명이 협력하여 실행공동체를 시작하면, 실행공동체 리더가 실행공동체를 이끌고 임원과 실행공동체 코치는 이를 지원하는 형태로 운영이 된다.

연구자는 2008년 여름에 A기업 발전사업본부에서 설립한 실행공동체와 2009년 여름에 배전사업본부에서 설립한 실행공동체를 연구대상으로 선정하였다. 주요 연구 내용은 개인의 특성 및 인식이 실행공동체 참여

5 APQC의 실행공동체 연구에 관한 내용은 다음의 APQC 홈페이지의 설명을 참조할 것. https://www.apqc.org/knowledge-base/documents/sustaining-effective-communities-practice-study-overview

와 어떤 관련이 있으며, 이들의 실행공동체 참여는 어떤 학습 결과를 가져오는가였다. 혼합적 연구방법mixed-method approach을 적용하여, 실행공동체 참여자 대상의 온라인 설문조사를 시행한 다음, 면담을 통하여 보다 심층적인 자료를 수집하였다.

연구 결과, 경험에 대한 개방성, 문제해결 자기효능감, 실행공동체 참여를 통해 얻을 것으로 기대하는 결과, 개인이 지각하는 지식공유 문화는 실행공동체 참여 정도와 관련이 있었다. 또한, 실행공동체 참여 정도는 학습 및 학습전이와 관련이 있는 것으로 나타났다. 실행공동체 참여의 결과로는 직무 관련 정보의 습득, 업무상 문제해결, 전문가로서의 인정을 받거나 동료에게 도움을 제공하면서 느끼는 긍정적인 정서, 실행공동체를 통한 조직 내부 커뮤니케이션이 제시되었다.

04 맺음말

개인은 일을 하면서 타인과의 상호작용 속에서 학습하며, 일이 이루어지는 맥락에는 이미 학습의 과정이 포함되어 있다는 원리를 충실하게 보여주는 것이 실행공동체이다. 일을 처음 시작할 때는 누구나 업무를 수행하는 데 필요한 지식과 기술을 익혀야 할 뿐만 아니라 일이 이루어지는 맥락과 업무 집단의 문화를 파악하고 적응해야 한다. 합법적인 주변적 참여를 통해 그 분야의 직업인으로서의 정체성을 쌓아가는 것은 그 자체로 일에 대한 학습이다.

앞서 기업에서의 사례에서 보았듯이 실행공동체는 상황에 따라 드러나지 않는 것부터 공식화된 것까지, 그리고 의도적으로 만들어진 전략적 실행공동체까지 다양한 종류가 있다. 정보통신기술의 변화로 인해 다양한 도구가 활용되고 참여자들의 요구에 따라 앞으로 얼마든지 새로운 모습으로 변화할 수 있다. 그러나 실행공동체 안에서, 또 실행공동체를 넘나들며 일어나는 일터학습의 본질은 변하지 않을 것이다. 이것을 밝힘으로써 실행공동체의 가치를 드러내어, 개인의 적극적인 참여를 유도하고 조직으로부터 더 많은 관심과 지원을 얻기 위한 현장 담당자들의 노력이 필요하다.

학습이 실제로 일어나는 것과 학습한 것을 실제로 업무상황에서 적용하는 것은 또 다른 문제이다. 직원들이 새로운 방법을 사용하는 것을 수용하고, 시간을 주며, 배운 것을 활용하도록 동기를 부여하는 기업 환경이야말로 실행공동체를 통한 성과향상과 혁신이 뿌리를 내릴 수 있는 기반이 될 것이다. 지식공유의 문화를 확산하고 사내 전문가를 찾아내어 참여하도록 하는 것도 필요하다. 다양한 종류의 실행공동체에 대한 더 많은 연구가 요청된다.

참고문헌

고수정(2015). 금융권 초기 경력자의 실행공동체 참여를 통한 일터 적응과 학습에 대한 사례 연구: K은행 사례를 중심으로. 연세대학교 석사학위 논문.

구경모(2003). 가상 실무자 공동체(Virtual Communities of Practice) 참여에 따른 혜택의 영향요인에 대한 연구. 서울대학교 석사학위 논문.

장주희(2005). 초기 경력자의 실행공동체 참여와 학습 및 적응과의 상관성 연구. 연세대학교 석사학위 논문.

장주희(2015). 실행공동체의 개념과 이론. 장원섭, 장지현, 김민영(편). 일터학습: 함께 배우기(pp. 89－113). 파주: 교문사.

주용국, 김수원(2003). 기업조직 구성원의 전문성 지원을 위한 학습 공동체 구축 방안. 서울: 한국직업능력개발원.

APQC(2001). *Building and Sustaining Communities of Practice: Continuing Success in Knowledge Management.* Houston, TX: American Productivity & Quality Center.

APQC(2005). *Using Communities of Practice to Drive Organizational Performance and Innovation.* Houston, TX: American Productivity & Quality Center.

Arets, J., Jennings, C., & Heijnen, V.(2015). *702010: Towards 100% Performance,* [이찬, 조광남, 전동원 공역(2016). 『HRD 혁신을 위한 뉴 패러다임 702010 Framework』, 서울: 두하우컨설팅.]

Chang, J.(2010). *The Relationships Among Participants' Characteristics, Perceptions, Nature of Involvement, and Outcomes in Strategic Community of Practice Programs in a Large Electric Utility Company*

(Doctoral dissertation, The Ohio State University).

Chang, J., Chang, W., & Jacobs, R. L.(2009). Relationship between participation in communities of practice and organizational socialization in the early careers of South Korean IT employees. *Human Resource Development International,* 12(4), 407−427.

Chang, J., & Jacobs, R. (2012). Determinants and outcomes of employee participation in a strategic community of practice: A mixed−method approach. *Human Resource Development Quarterly,* 23(3), 341−362.

Dubé, L., Bourhis, A., & Jacob, R.(2006). Towards a typology of virtual communities of practice. *Interdisciplinary Journal of Information, Knowledge, and Management* 1, 69−94.

Jacobs, R. L., & Park, Y.(2009). A proposed conceptual framework of workplace leanring: Implications for theory development and research in Human Resource Development. *Human Resource Development Review,* 8(2), 133−150.

Lave, J., & Wenger, E.(1991). *Situated Learning: Legitimate Peripheral Participation.* New York: Cambridge University Press.

Marsick, V. J., & Watkins, K. (1990). *Informal and Incidental Learning in the Workplace.* London: Routledge.

Rabin, R.(2014). *Blended Learning for Leadership: The CCL Approach.* URL: http://insights.ccl.org/wp−content/uploads/2015/04/BlendedLearningLeadership.pdf

Saint−Onge, H., & Wallace, D.(2003). *Leveraging Communities of Practice for Strategic Advantages.* Burlington, MA: Butterworth−Heinemann.

Wenger, E. (1998). *Communities of Practice: Learning, Meaning, and Identity,* [손민호, 배을규 공역(2007). 『실천공동체: 지식창출의 사회생태학』, 서울: 학지사.]

Wenger, E.(2000). Communities of practices and social learning systems. *Organization,* 7(2), 225−246.

Wenger, E., McDermott, R., & Snyder, W. M.(2002). *Cultivating Communities of Practice: A Guide to Managing Knowledge*, [황숙경 역(2004). 『CoP 혁명』, 안양: 도서출판 물푸레.]

APQC 홈페이지 www.apqc.org

06

WORKPLACE LEARNING

HRD에서의 WORKPLACE LEARNING의 미래

이진구[1]

SUMMARY

근래 인적자원개발의 경향을 살펴보면 집합교육 중심의 훈련에 대한 대안적 접근으로 일터에서 일상적으로 업무와 자연스럽게 연계하여 이루어지는 일터학습의 필요성을 강조하고 있다. 특히, 향후의 학습은 업무를 수행하다가 학습이 필요한 부분이 있다면 바로 일터에서 필요한 내용을 학습한 후 업무에 즉시 적용하는 방식으로 이루어져야 한다. 이러한 측면에서 일터학습의 미래를 살펴보면 다음과 같다. 첫째, 학습의 방법 측면에서 보면 일터학습은 형식학습과 무형식학습이 통합된 형태를 보이면서 학습의 성과와 업무의 성과를 동시에 높이는 방향으로 발전해 나갈 것이다. 특히, 집합교육 및 이러닝을 중심으로 운영되던 형식학습은 무형식학습의 방법이 발달함에 따라 한번 실시하고 마는 이벤트 차원의 교육에서 벗어나서 무형식학습과 융합되어 개인, 팀, 조직 차원의 업무성과를 높이기 위한 프로세스 중심의 학습으로 발전해 나갈 것이다. 둘째, 일터학습은 테크놀로지의 발달을 반영하여 지속적으로 변화해 나갈 것이다. 특히 일터학습에서 테크놀로지를 활용하여 학습의 효과를 극대화하고 학습을 성과로 연결하는 것은 미래에도 중요해 질 것이다.

KEY WORD 일터학습, 테크놀로지, 일터학습의 미래

1 제1저자, 한국기술교육대학교 테크노인력개발전문대학원 부교수(lemtury@koreatech.ac.kr)

01 서론

글로벌 시장에서 경쟁이 치열해지면서 모든 조직은 경쟁력을 갖춘 인재의 중요성을 더욱 실감하고 있다. 대다수의 조직에서는 조직의 경쟁력 강화를 위해 구성원들의 지속적인 학습을 촉진하면서 이를 조직의 성과와 연계시키고자 하는 체계적인 노력을 기울여 왔다. 이런 맥락 속에서 지금까지 기업의 인적자원개발은 체계적이고 구조적인 강의장 중심의 훈련training을 기반으로 발전해왔다. 직원들이 업무현장을 떠나 강의장에서 교육을 받는 것이 제일 중요한 인적자원개발의 실제라고 여겨왔던 것이다. 그러나 조직을 둘러싼 환경 변화가 가속화되면서 교육이 필요한 시점에 학습이 이루어지지 못하고 실제 학습한 내용이 업무로 전이되지 못하는 교육훈련의 한계점이 지속적으로 노출되어 왔다[Rothwell, 2002].

근래 인적자원개발의 경향을 살펴보면 이러한 문제점을 안고 있는 집합교육 중심의 훈련에 대한 대안적 접근으로 일터에서 일상적으로 업무와 자연스럽게 연계하여 이루어지는 일터학습의 필요성을 강조하고 있다[Billett, 2001]. 실제 업무 현장에서 직원들이 전문가로 성장하는 모습을 살펴보면, 일터에서 차곡차곡 업무경험을 쌓으면서 전문가로 성장하는 모습을 볼 수 있다. 즉, 자기 자신에게 주어진 과제를 수행하고 해결해 나가면서 알게 모르게 학습하고 성장해 나가기도 하고, 상사나 동료로부터 업무에 대한 코칭과 피드백을 받으며 성장해 나가기도 한다. 물론 앞서 언급한 공식적인 훈련도 직원들의 성장에 중요한 역할을 해 온 것이 사실이다. 이를 70 : 20 : 10의 법칙이라고 한다[Arets, Jennings, & Heijnen, 2015]. 업무현장에서의 경험을 통한 학습이 70%, 상사나 동료로부터의 학습이 20%, 공식적인 교육훈련을 통한 학습이 10%를 차지한다는 것이다. 이 법칙을 고려할 때, 기존에 추구해왔던 인적자원개발의 방식은 변화되어야 한다. 구체적으로 일과 업무가 통합된 일터에서의 학습을 위해 조직 내 지식관리knowledge management, 실천공동체community of practice, 업무지원도구Performance support tool 등을 체계적으로 활용할 필요가 있다. 더불어, 상사나 동료로부터의 코칭coaching이나 멘토링mentoring 시스템을 확립하고 적절히 운영하여야 한다. 물론, 기존의 공식적인 훈련 또한 지속적으로 이루어져야 한다. 이때 눈여겨보아야 할 것은 업무 초보자일수록 공식적인 교육훈련이 필요하고, 전문가가 될수록 일터를 중심으로 한 학습지원 체계가 더 중요하다는 것이다. 더불어 조직 내 인적자원개발의 책임을 직원본인, 상사, 인적자원개발부서가 공유할 수 있는 시스템을 구축하여야 한다한국능률협회, 2016.

일터학습이란 일터를 중심으로 업무성과의 향상을 위해 이루어지는 학습을 말한다. 이러한 일터학습은 조직구성원을 대상으로 지식, 기술 등의 체계적 습득을 위해 계획된 훈련 중심의 형식학습formal learning과 조직구성원 스스로가 업무를 수행하면서 일어나는 경험과 성찰을 통해 의미를 부여하는 무형식학습informal learning, 그리고 의도하지는 않았지만 일터에서의 업무수행과정에서 부산물로 얻어지는 우연적 학습incidental learning으로 구성되어 있다Marsick & Watkins, 1990. 따라서 학습을 통한 지속적인 일터에서의 업무성과 향상을 위해서는 기존의 형식학습인 교육훈련에만 초점이 맞추어져 있던 인적자원개발의 역할을 무형식학습을 포함하는 방향으로 전환할 필요가 있다. 더군다나 테크놀로지가 급격히 발전하면서 이를 활용한 학습의 중요성도 점차 강조되고 있다.

미래를 예측한다는 것은 항상 어렵다. 특히, 환경에 대한 영향을 많이 받는 시스템의 특징을 가진 인적자원개발의 미래를 살펴본다는 것은 장님 코끼리 만지듯 전체를 보지 못하고 부분에만 집중하는 우를 범할 확률도 높다. 하지만 인적자원개발의 흐름과 함께 인적자원개발의 미래에 영향을 미치는 요소를 살펴보고 인적자원개발의 미래를 살펴보고자 시도하는 것은 급격하게 변하는 일터를 중심으로 구성원들의 학습을 책임지는 인적자원개발 담당자들이 능동적으로 미래를 준비할 수 있는 토대를 만들 수 있다. 본고에서는 이러한 측면에 의의를 두고 인적자원개발에 관련된 흐름들을 살펴보면서 조심스럽게 미래 일터학습을 조망해 보고자 한다.

02 본론[2]

1) HRD의 세대별 발전과 일터학습

1960년대 조지워싱턴 대학의 Nadler가 인적자원개발이라는 용어를 처음 사용한 이래로 인적자원개발은 지속적인 변화를 거듭해왔다[Dilworth, 2003]. 이러한 인적자원개발의 변화는 크게 6개의 세대로 설명할 수 있다[Rothwell, 1999]. 1세대는 인적자원개발의 초점이 주로 훈련활동에 맞추어져 있는 훈련 및 개발[training & development]의 세대이다. 훈련 및 개발의 세대에서는 과정개발 모델에 기반을 두어 만들어진 훈련프로그램을 강의장을 중심으로 운영하는 훈련활동이 주를 이루어왔다. 현재의 인적자원개발은 이러한 훈련 및 개발에서 시작되었다. 2세대는 인적자원개발[human resource development]의 세대이다. 이 세대에서는 본격적으로 인적자원개발이라는 용어를 사용하기 시작하면서 훈련 및 개발뿐만이 아니라 경력개발[career development]과 조직개발[organization development]이 인적자원개발의 영역으로 포함되면서 조직의 효과성 향상을 위하여 훈련 및 개발, 경력개발, 조직개발을 통합적으로 활용하는 데 초점을 맞추기 시작한 세대이다. 이 시대에 정의된 인적자원개발의 3대 영역은 지금도 인적자원개발의 핵심적인 활동으로 간주되고 있다. 그러다가 학습이라는 해결책에서 벗어나서 학

2 이 절은 '이진구(2016). 왜 무형식학습기반 HRD인가? 월간 HRD 5월호(pp. 39-41)' 중 일부 내용을 수정·보완하여 재구성한 것임.

습 이외의 해결책을 포함한 성과향상에 초점을 맞추어야 된다는 개념이 대두되면서 3세대가 시작되었다. 3세대는 인간수행문제의 근본 원인을 파악하고 이에 대한 해결책을 제시하는 수행성과개선human performance improvement의 세대이다. 이 세대에서는 수행공학human perofrmance technology에 초점을 두고 인적자원개발의 성과 패러다임하에서 인간수행문제의 근본 원인을 파악하여 지식 및 스킬의 부족인 경우에는 학습이라는 해결책을 활용하고, 근본원인이 지식 및 스킬 부족이 아닌 다른 이유일 때는 학습 이외의 해결책을 활용하여 성과를 개선하는 것이 중요하다는 것을 강조하기 시작한 세대이다. 이때까지도 인적자원개발의 초점은 주로 일터가 아닌 강의장을 중심으로 운영되었다. 이러한 관점에 반하여 생겨난 것이 인적자원개발의 4세대이다. 인적자원개발의 4세대는 일터학습과 성과workplace learning & performance 세대이다. 이 세대에서는 개인과 조직의 요구를 충족시키기 위해 인간수행 향상을 모색하면서 일터에서의 학습이 업무성과를 향상시키는 도구임을 강조하는 데 초점을 맞추었다. 이 세대에서도 물론 수행공학의 개념을 포함하여 학습 및 학습 이외의 해결책을 동시에 활용하여 성과를 향상시키는 것을 강조하였다. 5세대는 학습자가 일터를 중심으로 훈련이 아닌 학습을 통해 개인의 변화를 추구하는 데 초점을 둔 일터학습자workplace learner 세대이다. 이 세대에서는 일터에서의 즉각적인 학습이 중요하다는 것을 강조하였다. 마지막 6세대는 형식학습 및 무형식학습을 포함하여 총체적인 학습전략에 초점을 둔 학습과 성과learning & performance의 세대이다. 이 세대에서는 체계적인 일터학습을 통해 업무에서의 성과를 창출하는 것이 중요하다는 것을 동시에 강조하고 있다.

그림 1 HRD의 6세대

구분	내용
1세대	훈련 및 개발(training & development)
2세대	인적자원개발(human resource development)
3세대	수행성과개선(human performance improvement)
4세대	일터학습과 성과(workplace learning & performance)
5세대	일터학습자(workplace learner)
6세대	학습과 성과(learning & performance)

출처: Rothwell(1999). ASTD models for workplace learning and performance, VA: ASTD 8-13.

6세대 학습과 성과와 관련하여 최근 인적자원개발 분야의 화두 중의 하나는 성과 향상을 위해 일터에서의 학습을 강조한 70 : 20 : 10의 법칙이다[Arets, Jennings, & Heijnen, 2015]. 조직 구성원이 일터에서 학습하는 것을 100%로 보았을 때, 70%는 업무에서의 경험[on-the-job experience]을 통해 학습이 이루어지고 20%는 코칭이나 멘토링과 같은 타인을 통한 사회적 학습[social learning]을 통해 학습이 일어나고 10%는 집합교육이나 이러닝과 같은 형식학습을 통해 학습을 한다는 것이다. 이 때 업무에서의 경험을 통한 학습 70%와 사회적인 학습 20%를 합친 90%를 무형식학습의 영역이라 할 수 있다. 이와 관련하여 Arets et al.[2015]은 기존의 HRD담당자들이 학습과 관련하여 과거에는 형식학습인 10%에 초점을 맞추어 학습을 설계하였다면 일터학습에서는 무형식학습 90%를 포함한 100% 모두를 설계할 것을 강조하고 있다. 특히, 인적자원개발 담당자는 성과향상을 위해 다음의 다섯 가지 역할을 수행하여야 한다고 말한다. 첫째는 퍼포먼스 탐색자의 역할이다. 성과향상을 위해 비즈니스 니즈와 퍼포먼스 니즈가 무엇인지를 확인하고 성과문제의 근본원인이 무엇인지를 찾아내는 역할을 말한다. 둘째는 퍼포먼스 건축가의 역할이다. 퍼포먼스를 증진시키기 위해 필요한 무형식학습과 형식학습을 포함한 100%의 학습을 설계하라는 것이다. 셋째는 퍼포먼스 달성자의 역할이다. 퍼포먼스와 연계된 중요한 과제task와 함께 학습 해결책을 실행해 나가는 것이다. 넷째는 퍼포먼스 변화관리자의 역할이다. 조직문화와 연계하여 해결책이 조직에 정착될 수 있도록 필요한 변화와 지원을 통해 변화를 관리하는 것이다. 다섯째는 퍼포먼스 추적자의 역할이다. 이해관계자들을 대상으로 평가 계획을 세우고 성과향상 보고서를 작성하는 것이다. 여기서 핵심적인 것은 과거와는 달리 형식학습 중심인 10%를 설계하는 것이 아니라 90%의 무형식학습까지를 포함해서 설계한다는 것이다Arets et al., 2015.

일터학습은 학습장소일터 내, 일터 외, 계획의 정도체계적, 비체계적, 훈련자의 역할능동적, 수동적에 따라 다양한 유형으로 나누어진다Jacobs & Park, 2009. 하지만 일반적으로는 형식학습과 무형식학습으로 구분된다. 형식학습은 일터에서 조직이 특정한 의도를 가지고 학습에 대한 계획을 세우고 구조화시켜 강의장에서 이루어지는 학습이다Marsick & Wakins, 2001. 형식학습은 일반적으로 교수설계 기법을 적용하여 만들어지며, 체계적으로 조직의 요구 및 업무수행상의 요구를 분석한 뒤 개인의 성과를 향상시키기 위해 계획된 학습개입안을 실행함으로써 이루어진다최우재, 2012; Marsick & Watkins, 1990. 무형식학습은 직원들이 일하는 일터를 중심으로 업무에 관한 경험을 쌓아나가면서 비의도적으로 업무수행에 필요한 지식, 스킬, 태도를 습득하고 성찰하는 경험적 실천 활동을 통한 학습을 말한다. 즉, 무형식학습은 매일의 업무활동에서 이루어지는 학습으로 학습자 개인이 스스로 학습하고 성찰하는 것을 중시한다Marsick & Wakins, 2001. 이러한 무형식학습은 형식학습과 함께 일터학습의 근간을 이룬다.

일터에서 비의도적으로 활용되는 무형식학습 방법으로는 상호작용, 정보활용, 개인성찰, 업무수행 등을 들 수 있다. 상호작용이란 타인과의 상호작용을 통해서 일상적으로 학습하는 것을 말한다. 예를 들어 동료와 의사소통을 한다든지, 타인의 업무수행을 관찰한다든지, 학습 커뮤니티를 통해 지식을 공유한다든지, 멘토와 멘토링을 실시한다든지, 상사와 상호작용을 한다든지, 또는 전문가에게 자문을 구하면서 학습을 하는 것이다. 정보활용이란 업무수행에 필요한 정보를 탐색하면서 일상적으로 학습하는 것을 말한다. 예를 들어 인터넷을 검색한다든지, 업무와 관련한 전문 서적이나 잡지를 읽는다든지, 업무와 관련한 회사의 매뉴얼을 찾아본다던지, 일과 관련된 기사를 검색하고 읽어본다든지, 이메일이나 메모를 찾아보는 것 등이다. 개인성찰이란 과거의 행동이나 경험을 성찰하면서 학습하는 것이다. 이러한 범주에 드는 방법은 반성적 성찰, 과거의 경험에 대한 상기, 자기주도학습, 한 문제에 대해 파고들면서 탐구하기 등이 있다. 업무수행이란 말 그대로 직접 업무를 수행하고 부딪치면서 학습하는 것을 말한다. 예를 들어 업무에서 시행착오를 겪는다든지, 고객과의 접촉을 통해 배운다든지, 실험을 해본다든지, 업무 현장을 방문한다든지, 직무순환을 통해 학습하는 것이다.

표 1 무형식학습의 범주 및 세부 방법

구 분	내 용
상호작용	동료와의 의사소통, 타인관찰, 지식공유(학습포럼, 학습커뮤니티), 멘토링, 비판적 질문, 상사와의 상호작용, 팀활동, 전문가 자문
정보활용	인터넷 검색, 관련 서적 및 잡지, 업무 서적 및 매뉴얼, 기사 검색 및 읽기, 이메일 및 메모
개인성찰	반성적 성찰, 과거경험 상기, 자기주도학습, 탐구하기(파고들기)
업무수행	시행착오(적용, 연습, 반복), 고객과의 접촉, 부서회의, 실험, 개인 업무실행, 현장방문, 직무순환

출처: 함현정, 최원설(2015). 기업 내 R&D분야 엔지니어의 무형식학습방법과 학습전이 관계에서 긍정심리자본의 매개효과. HRD연구. 17(1), pp. 105-132.

일터를 중심으로 한 업무환경이 변하면서 최근에서는 형식학습보다는 무형식학습이 더욱 강조되고 있다. 이전의 학습은 업무를 수행하다가 학습이 필요한 부분이 있다면 필요한 내용을 모아두었다가 업무를 일시 중지하고 집합교육에 참가하여 학습을 한 후 다시 업무로 돌아가서 적용하는 방식이었다면, 지금의 학습은 업무를 수행하다가 학습이 필요한 부분이 있다면 바로 일터에서 필요한 내용을 학습한 후 업무에 즉시 적용하는 방식으로 이루어져야 한다[유영만, 2006].

2) 미래 HRD의 변화상과 일터학습의 미래

전 세계 HRD전문가들의 모임인 인적자원개발협회[Association for Talent Development: ATD]에서는 2020년 HRD의 미래를 T+D 매거진을 통해 방법[methods], 사람[human], HRD전문가[HRD professionals]로 나누어 고찰하였다[2008]. HRD의 방법 측면에서는 크게 학습도구[tools]와 테크놀로지[technology]로 구분하여 변화상을 제시하였고, HRD의 대상이 되는 사람 측면에서는 핵심인재를 대상으로 한 인재관리[talent management]와 일반 구성원인 조직구성원

workforce으로 나누어 미래의 변화상을 예측하였다[<그림 2> 참고]. 이를 구체적으로 살펴보면 다음과 같다.

그림 2 2020년의 HRD 트렌드

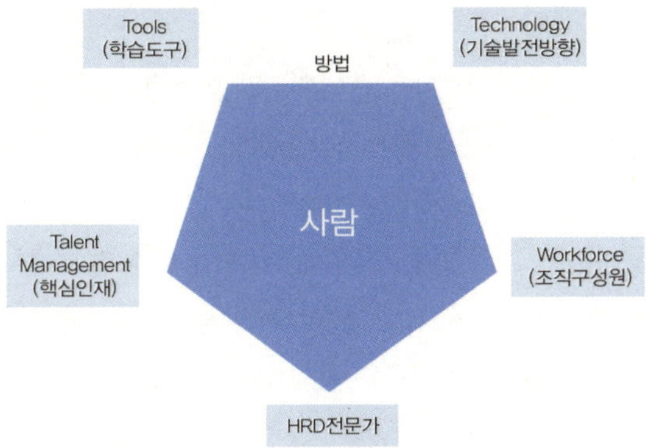

출처: T+D 2008년 12월호 중.

첫째, HRD의 방법 측면에서 학습도구를 살펴보면 무형식학습 방법이 활성화 될 것이라 주장하였다. 먼저 조직 내 HRD시스템의 근간인 학습관리시스템[learning management system: LMS]은 학습뿐만 아니라 조직의 전 업무 영역을 지원하면서 사업의 성과 향상에 직접적인 도움을 줄 것으로 예측하면서, 기업의 학습은 70%가 무형식학습으로 이루어 질 것이고 이러한 무형식학습을 어떻게 측정하고 정량화하는가가 미래의 관건이 될 것이라고 주장하였다. 또한, 새로운 학습관리시스템은 조직구성원들 사이의 협동학습과 소셜 네트워킹[social networking]을 구현하는 방향으로 나아갈 것이라고 하였다. 그리고 학습의 환경도 강사가 주도하는 학습보다는 무형식학습이 더 활성화되면서 학습 전후의 업무 내용을 적용하고 피드백 하는 것이 활성화 될 것이라고 예상하였다.

HRD의 방법 측면에서 또 다른 한 축인 테크놀로지는 기술의 발전방향에 따라 많은 변화를 가져올 것이라 주장하였다. 구체적으로 이메일, 메신저, 가상사무실, 화상회의 등의 기술이 발달하면서 새로운 업무 환경이 만들어지고 소셜 네트워킹을 통한 학습이 활성화 될 것이라고 예견하였다. 그러면서도 형식학습이 완전히 사라지는 것이 아니고 적정한 수준을 유지하면서 코칭과 멘토링과 같이 학습내용을 제시tell하는 모드의 학습보다는 안내guide하는 모드의 학습방법이 활성화되고, 학습내용을 단순히 제공하는 것에서 벗어나 경험과 전문성을 나눌 수 있는 학습공동체community of practice: COP가 발달할 것이라고 하였다. 그리고 이때 학습과 개발에 있어 인공지능artificial intelligence의 시대가 도래하면서 향후에는 인공지능을 통한 1:1 개인교사 시스템이 각광을 받게 될 것이라 예측하였다.

둘째, HRD의 대상인 사람 측면에서 보면 주로 핵심인재를 대상으로 한 인재관리도 통합적이고 자동화된 솔루션이 보편화되면서 학습에만 초점을 맞추는 것이 아닌 핵심인재를 선발하고 육성하는 데 있어 경영진이 전반적으로 참여하는 방향으로 진화될 것이라고 주장하였다. 특히 조직에서 선발한 핵심인재 전문가가 자신의 영역에서 탁월한 전문성을 확보하는 것이 관건이 되면서 이러한 전문가의 양성이 조직 전반적으로 중요한 이슈가 될 것이라고 하였다. 그리고 이를 위해서는 조직 내에서 핵심인재를 육성하는 것이 재무적인 성과와 연계하여 설명될 수 있어야 하고, 이에 따라 지속적으로 임원층의 지원과 관여를 이끌어내야 한다고 이야기하였다.

셋째, 또 다른 HRD의 대상인 조직구성원 측면에서 테크놀로지의 발달로 인해 가상 사무실과 가상 팀이 활성화되면서 조직의 리더가 리더십을 발휘하기가 더욱 어려워지는 환경이 되면서 리더십이 중요한 이슈로 부각될 것이라고 예측하였다. 더불어서 조직을 둘러싼 더 많은 환경적 리스크로 인해 창의와 혁신이 더욱 요구되고, 기본적인 조직구성원들 사이의 갈등관리나 의사소통 역량 등이 중요해 질 거라고 예측하였다. 또한,

일터에서의 다양성과 다문화의 관리가 중요한 이슈가 될 것이라고 주장하였다. 따라서 HRD전문가의 역할은 조직구성원들과 긴밀하게 협업을 하면서 업무를 수행하는 데 필요한 도구, 프로세스 등을 적절히 지원하고, 경영층과 세대 차이가 있는 조직구성원들이 소통할 수 있도록 하는 환경을 구축하는 데 초점이 맞추어져야 한다고 강조하고 있다.

ATD에서 예측한 이러한 변화는 실제 HRD에 큰 영향을 미치고 있고, 향후에도 이러한 변화는 지속적으로 가속화될 것으로 보인다. 이를 바탕으로 일터학습의 미래를 살펴보면 다음과 같다.

첫째, 학습의 방법 측면에서 보면 일터학습은 형식학습과 무형식학습이 통합된 형태를 보이면서 학습의 성과와 업무의 성과를 동시에 높이는 방향으로 발전해 나갈 것이다. 특히, 집합교육 및 이러닝을 중심으로 운영되던 형식학습은 무형식학습의 방법이 발달함에 따라 한번 실시하고 마는 이벤트 차원의 교육에서 벗어나서 형식학습과 무형식학습이 융합되어 개인, 팀, 조직 차원의 업무성과를 높이기 위한 프로세스 중심의 학습으로 발전해 나갈 것이다[한국능률협회, 2016].

프로세스 중심의 학습이란 조직구성원들이 갖추어야 할 행동과 성과를 규명하고, 현장에서 이러한 행동변화를 통한 성과를 창출할 수 있도록 형식학습과 무형식학습을 융합하여 지속적으로 원하는 전문성 수준에 도달할 수 있도록 학습 프로세스를 구조화하는 것을 말한다. 이러한 움직임은 앞서도 언급한 70 : 20 : 10의 법칙을 현장에 접목하고자 한 사례에서 찾을 수 있다[Arets, Jennings, & Heijnen, 2015]. Arets 외[2015]는 향후 인적자원개발 담당자는 무형식학습을 포함한 70 : 20 : 10의 100을 설계해야 한다고 강조한다. 학습은 크게 전통적인 강의장 수업에 기반을 둔 형식학습[10%]과 코칭과 멘토링과 같은 사회적 학습[20%] 및 업무경험[70%] 등을 포함한 무형식학습으로 나누어진다. 기존에는 무형식학습의 부분은 설계하거나 평가하기가 어렵기 때문에 임직원들이 언제 어디서든 필요한 학습을 접하고 업무상 부딪히는 문제를 해결할 수 있는 학습의 생태계를 만드는

데 초점을 두었다. 그러나 학습의 속도 및 적용의 속도가 더욱 강조되고 강의장과 일터의 구분이 없어지는 학습 환경이 더 중요해지면서, 지금은 70, 20, 10을 구조화하여 설계하는 것을 강조하고 있다.

이러한 움직임은 학습전이를 위한 새로운 과정개발 접근법이 등장하면서 더욱 강조되고 있다[Wick, Pollock, Jefferson, & Flanagan, 2010]. 전통적으로 HRD분야에서는 많은 학습전이 연구들이 이루어져 왔다[Baldwin & Ford, 1988; Burke & Hutchins, 2007; Ford & Weissbein, 1997; Holton, 2005; Holton, Bates, & Ruona, 2000]. 왜냐하면 학습자들이 전통적인 형식학습을 통해 학습한 내용들을 정작 업무현장에 복귀해서는 활용하지 않는 학습전이의 문제가 발생하면서 실제 형식학습을 통해 배운 내용 중 대략 10% 정도만이 업무에서의 성과로 연결되었기 때문이다[Baldwin & Ford, 1988; Holton, 2003]. 따라서 최근의 교수설계에서는 학습 전, 학습 중, 학습 후로 나누어 학습한 내용을 업무현장에서 상기하고 업무에서 적용할 수 있는 다양한 방법을 활용할 것을 주장하고 있다[Carnes, 2010; Wick, Pollock, Jefferson, & Flanagan, 2010]. 특히, Wick 외[2010]는 혁신적 학습을 위한 6가지 원칙에서 기존의 형식학습이 교육 후 현장에 돌아간 학습자들을 대상으로 아무것도 하지 않는 것에 대해 비판하면서, 일터를 중심으로 HRD담당자, 학습자, 학습자 상사와의 공동책임 아래 현업의 학습전이를 촉진하고, 학습한 내용이 업무에 전이되어 성과를 창출할 수 있도록 사람, 시스템, 자료 차원에서의 지원방안을 마련하고 실행해야 한다고 강조하였다. 그리고 일터로 복귀한 이후의 학습방법은 주로 무형식학습의 방법이 활용되어야 한다[한국능률협회, 2016]. 따라서 미래의 HRD에서는 일터를 중심으로 형식학습과 무형식학습을 융합하여 학습전이의 문제를 해결하면서 원하고자 하는 성과를 달성할 때까지 지속적으로 학습하고 적용하는 프로세스를 중시하는 방향으로 전개가 될 것이다.

둘째, 일터학습은 테크놀로지의 발달을 반영하여 지속적으로 변화해 나갈 것이다. 특히 일터학습에서 테크놀로지를 활용하여 학습의 효과를 극대화하고 학습을 성과로 연결하는 것은 미래에도 중요해 질 것이다.

Ebbinghaus는 실험을 통해 학습자들의 망각곡선forgetting curve에 대해 연구하였다Finkenbinder, 1913. 그의 실험에 따르면 학습자들은 학습이 끝나고 난 이후에 1시간이 지나면 학습한 내용의 45% 정도를, 하루가 지나면 30% 정도를 일주일이 지나면 25% 정도만을 기억하고 있었다. 이는 학습자들이 평균적으로 기존의 형식학습을 통해 학습한 내용은 일주일이 지나면 1/4 정도밖에 기억하지 못한다는 것을 의미한다. 따라서 학습자들의 학습효과를 극대화하기 위해서는 반복학습이 필요한데, 이러한 반복학습은 테크놀로지를 활용한 무형식학습의 방법을 사용하여 혼합학습blended learning으로 이루어져야 한다.

테크놀로지의 발달은 MOOCmassive open online course, 플립러닝flipped learning, 마이크로 학습micro learning, 가상학습virtual learning, 에듀테크edutech 등 교육혁명이라 불리는 다양한 학습 도구의 발달을 촉진시켰다. MOOC는 대중에게 공개된 온라인 공개강좌를 뜻한다. 많은 사람들을 대상으로 공개되어 온라인으로 진행되는 강좌로 누구나 인터넷을 통해 유명 대학 교수들의 양질의 강의를 무료 또는 저렴한 가격에 수강할 수 있는 장점이 있다Mackness & Williams, 2010. 대표적인 MOOC 사이트로는 스탠포드 대학에서 제공하는 Coursera와 Udacity, 그리고 MIT와 하버드에서 제공하는 edX 등이 있다. 우리나라에서도 평생교육진흥원을 중심으로 K-MOOC를 개발하여 한국형 대규모 온라인 공개강좌를 개설하고 있다. MOOC의 발달은 플립러닝이라는 학습방법을 등장시키게 되었다.

플립러닝은 교실 수업 전에 학생들이 스스로 학습할 수 있는 강의 영상을 학생들에게 온라인을 통해 제공하고, 교실 수업에서는 학생들의 문제해결이나 심화학습을 위해 동료학습자와의 토론이나 교수자의 도움을 통한 실습 중심의 학습활동을 실시하는 것을 말한다Bates & Galloway, 2012. 이는 전통적인 학습에서 탈피한 거꾸로 학습으로 강의식 수업에서 수동적인 학습자를 능동적인 학습의 주체로 변화시키면서, 교실 수업에서 고차원적인 사고력이나 문제해결 능력을 갖추도록 하는 데 효과적인 학습방법이다.

마이크로 학습은 집중력이 짧은 현대인들을 위해 한번에 5-7분 정도 되는 한 가지 개념을 다루는 짧은 학습을 말한다[한국능률협회, 2016]. 마이크로 학습에서는 한 가지 학습개념과 그것에 해당하는 한 가지 행동을 정의하고 그를 통해 얻을 수 있는 한 가지 업무성과를 정의한다. 이는 학습효과를 극대화하기 위한 방안으로 한 가지 개념을 배우는 것은 두 가지 개념을 연달아 배우는 것보다는 학습 이후에 지식을 기억하는 정도가 배가 될 수 있다. 또한, 근래 가장 많이 활용되는 테크놀로지 중의 하나는 가상학습이다. 비즈니스가 글로벌화 되고 조직 운영에 있어 가상 조직 등이 대두되면서 인적자원개발에서 가상 팀을 위한 테크놀로지에 대한 중요성은 점점 더 강조되고 있다[Dilworth, 2003].

가상학습이란 강사와 학생, 그리고 학생 상호 간에 시간과 공간의 제약 없이, 인터넷을 활용하여 쌍방향으로 대화하고 학습할 수 있는 최첨단의 교육환경을 뜻한다[네이버 지식백과, 2016]. 이러한 테크놀로지를 활용한 가상학습은 먼 거리에 떨어져 있는 학습자들이 동시에 접속해서 학습할 수 있는 실시간 학습이라는 장점 때문에 향후 글로벌 기업을 중심으로 확산될 것으로 보인다. 실제로 ATD 컨퍼런스에서는 글로벌 기업들이 가상학습을 활용하여 임직원 대상 핵심가치를 중심으로 한 조직개발 차원의 교육이나 리더십 교육 등을 실시한 사례가 자주 공유되고 있다.

이러한 흐름들 속에서 향후 에듀테크의 급속적인 발달도 기대된다. 에듀테크란 교육에 미디어, 디자인, 소프트웨어[software], 가상현실[virtual reality], 증강현실[augmented reality], 빅데이터[big data], 3D 등 정보통신기술을 결합해 학습자의 교육효과를 높이는 산업을 말한다[백승철, 조성혜, 김남희, 최미경, 노규성, 2016]. 이는 단순히 온라인을 중심으로 이러닝을 제공하는 것을 뛰어 넘어, 개개인의 수준에 맞는 맞춤형 학습을 할 수 있는 새로운 경험을 제공한다는 점에서 미래 일터학습의 중요 요소로 성장할 가능성이 높다. 앞에서 언급한 테크놀로지에 기반을 둔 학습의 방법 등은 미래 일터학습을 효과적으로 만들어 줄 것이다.

03 결론

일터에서의 즉시 학습을 통한 성과창출의 중요성이 강조되고 새로운 테크놀로지가 대두되면서 일터학습에서 형식학습에 비해 상대적으로 간과해왔던 무형식학습의 방법이 강조되고 있다. 무형식학습은 새로운 개념이 아니다. 인간이 태어나면서부터 태생적으로 지니고 있던 학습방법이다. 다만 기존의 인적자원개발이 형식학습에 치중되어 있었기 때문에 지나쳤던 본질을 회복하고, 학습이 자연스럽게 일상 업무에서 일어난다는 사실을 이해하고 이에 기반을 둔 인적자원개발체계를 갖추자는 것이다. 이러한 학습의 생태계가 조직 내에 구축될 때 구성원들의 성장은 자연스럽게 동반될 것이라 확신한다.

미래 일터학습에서는 형식학습도 중요하지만 무형식학습의 중요성이 더 강조될 것이다. 미래의 일터학습 측면에서 인적자원개발부서가 무형식학습을 활성화하기 위해서는 다음과 같은 일들이 필요하다. 첫째, 조직의 임직원들이 자연스럽게 무형식학습을 할 수 있는 학습환경을 구축하여야 한다. 즉, 무형식학습의 범주인 상호작용, 정보활용, 개인성찰, 업무수행 등이 이루어질 수 있도록 하드웨어 역할을 담당하는 인적자원개발시스템을 구축하고 소프트웨어를 담당하는 인적자원개발제도를 도입하여 학습을 일상화하는 문화를 만들어야 한다. 예를 들어 상호작용을 위해서는 멘토링이나 코칭제도를 도입하여 직원과 직원 간에 또는 직원과 상사 간에 자연스럽게 상호작용이 일어날 수 있는 문화를 구축하고, 정보활용을 위해서는 조직 내의 지식경영knowledge management 시스템과 제도를 정비하고 업무 관련 매뉴얼을 만들며, HRD포털 시스템 등을 활용하여 직무별로 업무수행과 관련된 정보나 교육자료를 임직원 스스로가 만들고 공유할 수 있도록 하여야 한다. 또는 학습조직이나 실천공동체Community of Practice: CoP를 구축하여 지속적이고 유기적인 상호작용이 일어나도록 도와야 한다. 개인성찰 측면에서는 업무와 관련되어 직무관련 성찰일지, 리더십 관련 성찰일지 등을 작성하고 이를 리더나 부서원들과 공유할 수 있도록 하면서 개인이 주도적으로 학습할 수 있는 시스템과 제도를 제공하여야 한다. 업무수행 측면에서는 경험학습 방법을 도입하여 실질적인 업무경험을 쌓을 수 있도록 장려하고, 임직원 개개인에게 도전적인 업무과제를 부여하거나 계획적인 직무순환을 통해 한 단계 높은 업무수행 능력을 갖출 수 있도록 하여야 한다.

둘째, 상사가 무형식학습을 촉진할 수 있도록 부하육성자로서의 상사의 역할을 강조하면서 부하직원을 자연스럽게 육성하는 문화를 만들도록 고민해야 한다. 무형식학습의 궁극적인 목적은 일터 내에서의 업무 성과 향상이다. 그리고 이러한 업무 성과 향상을 위해서는 영향력 있는 타인이 무형식학습이 일어날 수 있도록 트리거trigger의 역할을 해 주어야 한다. 많은 연구결과를 보면 임직원의 상사가 부하직원의 성장에 결정적인 역할을 한다. 따라서 업무수행 과정에서 자연스럽게 상호작용, 정보활용, 개인성찰, 업무수행 등의 무형식학습이 일어날 수 있도록 상사가 전략적으로 이끌고 도와주는 것이 필요하다.

셋째, 무형식학습 기반의 인적자원개발이 작동할 수 있도록 무형식학습이 자기주도적으로 일어날 수 있는 제도를 도입하여 운영하여야 한다. 무형식학습이 현장에서 구현되는 데 있어서 가장 큰 애로사항은 무형식학습 자체를 측정하거나 평가하기가 어렵다는 점이다. 무형식학습이 일어난 상황은 그야말로 무형식적인 상황이기에 인적자원개발 부서가 구축한 무형식학습을 위한 시스템의 활용이나 그로 인한 성과를 평가하는 것은 쉽지 않은 일이다. 따라서 미래에는 무형식학습과 형식학습을 포함하여 구성원들이 자연스럽게 자기주도학습을 통해 향상된 역량수준이나 전문성의 수준을 평가하는 방안이 필요하다. 예를 들면 직무별 인증이나 자격제도를 구축하여 구성원들이 열심히 무형식학습을 통한 자기주도학습을 할 수 있도록 유도하고 이를 학습의 성과로 인정해 주는 것이 요구된다.

넷째, 인적자원개발 학습방법의 변화가 필요하다. 기존의 인적자원개발은 교육훈련 기반의 집합교육이나 이러닝이 주를 이루어 왔다. 그러나 집합교육이나 이러닝을 통해 배운 지식, 스킬이 업무에 활용되지 못하는 학습전이의 문제점이 지속적으로 제기되어 왔다. 따라서 이제는 지식은 구성원들이 스스로 학습하게 하고 집합교육에서는 배운 지식을 업무에 적용할 수 있도록 실제적인 경험을 부여하도록 하여야 한다. 또는 집합교육에서 배운 내용을 무형식학습의 학습방법을 통해 현장에서 적용할 수 있도록 집합교육 후에 앞서 말한 무형식학습의 학습방법을 구조화하여 구성원들이 교육에서 배운 내용을 일터에서 상기하고 업무에 적용할 수 있도록 돕는 학습방법의 설계가 요구된다.

다섯째, 미래의 일터학습 측면에서 테크놀로지를 활용한 교육을 활성화 하여야 한다. 특히, 에듀테크를 기반으로 학습과 테크놀로지를 결합한 인적자원개발의 실제가 많이 활성화될 것이다. 이 때 테크놀로지를 적극적으로 활용하되 테크놀로지의 활용만이 인적자원개발의 발전이라는 생각은 잠시 접어두는 것이 필요하다. 학습과 성과의 본질 속에서 테크놀로지를 활용하여 학습과 성과를 극대화하고자 하는 자세가 미래의 인적자원개발 담당자에게 필요하다.

참고문헌

백승철, 조성혜, 김남희, 최미경, 노규성(2016). 다문화 구성원을 위한 에듀테크 적용 방안에 관한 연구. 디지털융복합연구. 14(3), 55-62.

유영만(2006). 한국기업의 최근HRD 혁신과 인재육성 전략: 딜레마 탈출을 위한 변주곡. 한국인적자원개발학회 학술연구발표회 발표논문집, 5-33.

이진구(2016). 왜 무형식학습 기반 HRD인가?. 월간HRD 5월호. 39-41.

최우재(2012). 학습이 성과에 미치는 영향. 경제경영연구. 35(2), 61-75.

한국능률협회(2016). 글로벌 HR전략 보고서. 서울: KMA한국능률협회.

함현정, 최원설(2015). 기업 내 R&D분야 엔지니어의 무형식학습방법과 학습전이 관계에서 긍정심리자본의 매개효과. HRD연구. 17(1), pp. 105-132.

Arets, J., Jennings, C., & Heijnen, V.(2015). 702010: Towards 100% Performance, [이찬, 조광남, 전동원 공역(2016). 『HRD 혁신을 위한 뉴 패러다임 702010 Framework』, 서울: 두하우컨설팅.]

Baldwin, T. T., & Ford, J. K. (1988). Transfer of training: A review and directions for future research. Personnel Psychology, 41, 63-105.

Bates, S., & Galloway, R. (2012). The inverted classroom in a large enrolment introductory physics course: a case study. The Higher Education Academy.

Billett, S. (2001). Learning in the workplace: Strategies for effective practice. Sydney, New South Wales: Allen & Unwin.

Burke, L. A., & Hutchins, H. M. (2007). Training transfer: An integrative literature review. Human Resource Development Review, 6, 263-296.

Carnes, B. (2010). Making learning stick: 20 easy and effective techniques for training transfer. Alexandria, VA: ASTD Press.

Dilworth, L. (2003). Searching for the future HRD. Advances in Developing Human Resources. 5(3). 241－244.

Finkenbinder, E. O. (1913). The curve of forgetting. The American Journal of Psychology, 24(1), 8－32.

Ford, J. K., & Weissbein, D. A. (1997). Transfer of training: An updated review and analysis. Performance Improvement Quarterly, 10, 22－41.

Jacobs, R. L., & Park, Y, (2009). A proposed conceptual framework of workplace learning: Implications for theory development and research in human resource development. Human Resource Development Review, 8(2), 133－150.

Holton, E. F., III. (2003). What's really wrong: Diagnosis for learning transfer system change. In T. T. Baldwin & E. F. Holton, III (Eds.), Improving learning transfer in organization (pp. 59－79). San Francisco: Jossy－Bass.

Holton, E. F., Ⅲ. (2005). Holton's evaluation model: New evidence and construct elaborations. Advances in Developing Human Resources, 7(1), 37－54.

Holton, E. F., III, Bates, R. A., & Ruona, W. E. A. (2000). Development of a generalized learning transfer system inventory. Human Resource Development Quarterly, 11, 333－360.

Mackness, J., Mak, S., & Williams, R. (2010). The ideals and reality of participating in a MOOC.

Marsick, V. J., & Watkins, K. E. (1990). Informal and incidental learning in the workplace. London: Routledge.

Marsick, V. J., & Watkins, K. E. (2001). Informal and incidental learning. New directions for Adult and Continuing Education, 89, 29.

Rothwell(1999). ASTD models for workplace learning and performance. VA: ASTD.

Wick, C. W., Pollock, R. V., Jefferson, A., & Flanagan, R. D. (2010). The

six disciplines of breakthrough learning. San Francisco, CA: Pfeiffer.
네이버 지식백과(2016). http://terms.naver.com/entry.nhn?docId=1187523&cid=40942&categoryId=32828

편저자 약력

배 을 규

서울대학교 사범대학에서 학사, 석사를 마치고 미국 오하이오주립대학교(The Ohio State University)에서 HRD전공으로 교육학 박사 학위를 받았다. 휘경여중 교사, 대우인력개발원 과장, 경일대학교 교수를 거쳐 현재 인하대학교 교육학과 교수로 재직하고 있다.

이메일: ekbae@inha.ac.kr

조 대 연

미국 오하이오주립대학교에서 HRD 및 성인교육으로 박사학위를 취득하였다. (전) 숙명여대 교수, (전) 고려대 평생교육원장, 현재는 고려대 교육학과 교수로 재직 중이며 HRD정책연구소장을 맡고 있다.

이메일: chodae@korea.ac.kr

유 주 영

고려대학교 사범대학을 졸업하고 성인계속교육학 전공으로 박사를 수료했다. 현대엔지비 인재개발팀에서 교육체계수립 및 과정개발 업무를 하고 있으며, 주요 관심 분야는 조직개발, 직무분석, 교육과정 개발 등이다.

이메일: 3waters@korea.ac.kr

박 윤 희

서울대학교 대학원에서 직업교육 전공으로 첫 번째 박사학위를 취득하고, 미국 오하이오주립대학교에서 인적자원개발(HRD) 전공으로 두 번째 박사학위를 취득하였다. 국책연구기관인 한국직업능력개발원에서 전문연구원과 부연구위원을 역임하였으며, 국내의 한국인력개발학회를 비롯하여 해외의 AHRD 컨퍼런스에서 다수의 논문 발표 및 학회 활동에 참여하고 있다. 현재는 한국기술교육대학교 문리HRD학부 조교수로 재직하고 있으며, 학부와 대학원에서 HRD를 가르치고 있다. 관심 연구 분야는 Workplace Learning, Transfer of Training, Adaptive Performance, Career Development, NHRD 측면에서 Workforce Development 등이다.

이메일: park878@koreatech.ac.kr

전 정 호

서울대학교 교육학과와 동대학원(교육원리 전공)을 졸업한 후, 미국 미네소타대학에서 인적자원개발전공으로 2009년 박사학위를 취득하였다. 서울대학교 산업인력개발학과에서 1년반 박사 후 과정을 지내면서, 중앙대 HRD 대학원과 숙명여대 등에서 강의하였다. 2011년부터 단국대학교 경영학과 인사조직전공 교수로 재직하고 있으며, 인적자원관리와 인적자원개발, 조직개발 등을 강의하고 있다. 행정부의 고위 공무원 역량평가 위원으로 활동하고 있으며, 한국인력개발학회의 상임이사, 대한경영학회와 농업교육과 인적자원개발의 편집위원으로도 활동하고 있다.

이메일: edjohn90@dankook.ac.kr

최 우 재

미국 오하이오주립대학교에서 인적자원개발학으로 박사학위를 취득하였다. 현대경제연구원(인재개발부문)에서 선임연구원, ㈜크레듀 HR 컨설팅 팀장을 역임하였으며, 현재는 청주대학교 경영학과에 재직 중이다. 공공기관 및 민간기업 HRD 관련 자문 활동을 하고 있으며, 관심분야는 HRD 시스템, 학습과 성과, 공유 및 진성 리더십, 팀 역동성 등이다.

이메일: choiwj@cju.ac.kr

장 주 희

연세대학교 교육학과를 졸업하고, SK C&C 인력팀에서 직무교육을 담당하였다. 연세대학교 일반대학원 교육학과에서 HRD 전공으로 석사학위를, 미국 오하이오주립대학교에서 HRD 전공으로 박사학위를 취득하였다. 연세대학교 일반대학원과 교육대학원, 이화여자대학교 일반대학원에 출강하였다. 현재 한국직업능력개발원 직업능력개발정책·평가센터에서 정책연구를 수행하고 있다.

이메일: jchang@krivet.re.kr

이 진 구

고려대학교 교육학과 및 동대학 교육대학원에서 기업교육을 전공한 후 미국 펜실베니아 주립대학에서 인적자원개발/조직개발로 박사학위를 취득하였다. 삼성그룹의 교육전문인력으로 입사한 후 삼성카드 인력개발팀, 케이티엔지 인재개발원 및 HR혁신팀 차장 등을 거쳐 2012년부터 한국기술교육대학교 테크노인력개발전문대학원 교수로 재직 중이다. 현재 한국인력개발학회 상임이사, 한국콘텐츠학회 편집위원, 한국기술교육대학교 HRD센터장 등을 담당하고 있다.

이메일: lemtury@koreatech.ac.kr

한국인력개발학회 HRD 총서 1

HRD학술총서

초판인쇄 2016년 10월 21일
초판발행 2016년 10월 31일

엮은이 배을규
지은이 조대연 · 박윤희 · 전정호 · 최우재 · 장주희 · 이진구
펴낸이 안상준

편 집 배근하
기획/마케팅 이선경
표지디자인 조아라
제 작 우인도 · 고철민

펴낸곳 ㈜ 피와이메이트
서울특별시 마포구 월드컵북로 400, 5층 2호(상암동, 문화콘텐츠센터)
등록 2014. 2. 12. 제2015-000165호
전 화 02)733-6771
f a x 02)736-4818
e-mail pys@pybook.co.kr
homepage www.pybook.co.kr
ISBN 979-11-87010-18-0 93370

정 가 13,000원